essentials

essentials liefern aktuelles Wissen in konzentrierter Form. Die Essenz dessen, worauf es als „State-of-the-Art" in der gegenwärtigen Fachdiskussion oder in der Praxis ankommt. *essentials* informieren schnell, unkompliziert und verständlich

- als Einführung in ein aktuelles Thema aus Ihrem Fachgebiet
- als Einstieg in ein für Sie noch unbekanntes Themenfeld
- als Einblick, um zum Thema mitreden zu können

Die Bücher in elektronischer und gedruckter Form bringen das Expertenwissen von Springer-Fachautoren kompakt zur Darstellung. Sie sind besonders für die Nutzung als eBook auf Tablet-PCs, eBook-Readern und Smartphones geeignet. *essentials:* Wissensbausteine aus den Wirtschafts-, Sozial- und Geisteswissenschaften, aus Technik und Naturwissenschaften sowie aus Medizin, Psychologie und Gesundheitsberufen. Von renommierten Autoren aller Springer-Verlagsmarken.

Weitere Bände in der Reihe http://www.springer.com/series/13088

Christa Kolodej · Petra Smutny

Führungs- und Organisationsverantwortung bei Mobbing

Psychologische und juristische Analysen und Empfehlungen

Christa Kolodej
Wien, Österreich

Petra Smutny
Wien, Österreich

ISSN 2197-6708   ISSN 2197-6716   (electronic)
essentials
ISBN 978-3-658-29559-2   ISBN 978-3-658-29560-8   (eBook)
https://doi.org/10.1007/978-3-658-29560-8

Die Deutsche Nationalbibliothek verzeichnet diese Publikation in der Deutschen Nationalbibliografie; detaillierte bibliografische Daten sind im Internet über http://dnb.d-nb.de abrufbar.

Planung/Lektorat: Stefanie Winter
Springer Gabler ist ein Imprint der eingetragenen Gesellschaft Springer Fachmedien Wiesbaden GmbH und ist ein Teil von Springer Nature.
Die Anschrift der Gesellschaft ist: Abraham-Lincoln-Str. 46, 65189 Wiesbaden, Germany

Was Sie in diesem *essential* finden können

- Was ist Mobbing?
- Welche Formen von Mobbing gibt es?
- Hat der Führungsstil einen Einfluss auf Mobbing?
- Welche anderen Faktoren beeinflussen Mobbing?
- Welche Rollen gibt es bei Mobbing?
- Wie gestaltet sich die Gruppendynamik bei Mobbing?
- Wie kann die Gruppendynamik konstruktiv beeinflusst werden?
- Welche Faktoren spielen bei einem gut gestalteten Arbeitsumfeld eine Rolle?
- Welche Bedeutung haben Ziele und Aufgaben bei der Deeskalation von Mobbing?
- Wie ist Mobbing im Unternehmen rechtlich einzuordnen?
- Welche rechtlichen Vorgaben und Pflichten erwachsen bei Mobbing für Führungskräfte aufgrund der Fürsorgepflicht?
- Wie müssen Führungskräfte den Bedürfnissen und konkreten Wünschen gemobbter Personen begegnen?
- Welche Präventionskonzepte und Interventionskonzepte gibt es?
- Welche individuellen und gesellschaftlichen Maßnahmen sind wichtig?

Inhaltsverzeichnis

Über die Autoren

Prof. Dr. Dr. Christa Kolodej, MA ist Psychologin und Soziologin und u. a. ausgebildete akademische Mediatorin und Systemische Therapeutin (SySt). Kolodej ist Pionierin der österreichischen Mobbingforschung und leitet seit mehr als 20 Jahren das Zentrum für Konflikt- und Mobbingberatung. Sie coacht Führungskräfte und Personalverantwortliche und unterstützt Unternehmen bei der Implementierung von Konfliktmanagementsystemen.

www.kolodej.at; office@kolodej.at

Mag[a] Petra Smutny, LL.M ist Rechtsanwältin, eingetragene Mediatorin, Seminartrainerin, ehemals Richterin des Oberlandesgerichtes Wien, Vorsitzende der Gleichbehandlungskommission. Sie ist Vortragende und Fachbuchautorin zu den Schwerpunkten Arbeits- und Gleichstellungsrecht, Familienrecht, Strafrecht, Opferschutz.

www.kanzlei-smutny.at; office@kanzlei-smutny.at

Einleitung 1

Eine Vielzahl von Studien der letzten Jahrzehnte verweisen deutlich darauf, dass Führungs- und Organisationsvariablen der zentrale Schlüssel sind, um Mobbing zu unterbinden oder zu vermeiden. Oftmals stehen Organisationen und ihre Führungskräfte trotz inzwischen unzähliger Publikationen über Mobbing in der Praxis einem tatsächlich aufgetretenen Mobbinggeschehen, auf das sie selbst nun konkret reagieren sollen, nach wie vor vielfach hilflos gegenüber. Das hat einerseits seinen Grund in der Komplexität eines Mobbingablaufes selbst, andererseits aber auch darin, dass die Bedeutung von Führungsverhalten bei der Verhinderung oder der Abwendung von Mobbing noch vielfach unterschätzt wird.

Dabei ist es für Personalverantwortliche auch im Interesse der Organisation besonders wichtig, präventive Maßnahmen zu setzen oder zumindest Mobbinghandlungen möglichst früh zu erkennen und sie aktiv einzudämmen, um die negativen Folgen aufzuhalten und zu verhindern, dass sich Mobbing fortsetzt oder gar ausbreitet. Leider nehmen viele Führungskräfte diese Aufgabe nicht immer oder nur unzureichend wahr.

Selbst dann, wenn ein Mobbinggeschehen bereits eskaliert, berichten viele Betroffene, ihre Vorgesetzten hätten das Problem ignoriert („Bei uns im Betrieb gibt es so etwas nicht"), bagatellisiert, gar ins Lächerliche gezogen („Kindereien") oder seien völlig passiv verblieben. In nicht wenigen Fällen hätten Vorgesetzte schließlich selbst (mit)gemobbt und dadurch das Problem verstärkt oder aktionistisch und ohne Rücksprache mit den Betroffenen und ohne Rücksicht auf deren Wohl agiert. Mit solchen Reaktionen werden Führungskräfte aber ihrer Rolle weder aus organisationspsychologischer noch aus rechtlicher Sicht gerecht. Führungskräfte haben hohe Verantwortung, aber auch viele Gestaltungsmöglichkeiten, um gegen Mobbing vorzugehen.

© Springer Fachmedien Wiesbaden GmbH, ein Teil von Springer Nature 2020 1
C. Kolodej und P. Smutny, *Führungs- und Organisationsverantwortung bei Mobbing*, essentials, https://doi.org/10.1007/978-3-658-29560-8_1

Das vorliegende Buch fokussiert dementsprechend auf Führungs- und Organisationsvariablen, die für die Prävention und Intervention bei Mobbing von besonderer Bedeutung sind. Mobbing wird als kontextbezogenes Phänomen vorgestellt, welches spezifische macht-, gruppen-und rollendynamische Prozesse aufweist. Es wird sowohl auf die deutsche als auch auf die österreichische Rechtslage eingegangen und es werden Handlungsanleitungen für Führungskräfte gegeben. Aufgezeigt werden darüber hinaus unterschiedliche Präventionsansätze, die ein Bewusstsein über das Phänomen Mobbing sowie eine konstruktive Konfliktkultur möglich machen und dementsprechende Handlungen von der Führung implizieren. Nicht zuletzt werden sowohl aus psychologischer als auch aus juristischer Sicht relevante Interventionen verdeutlicht. Das Buch wird mit praktischen Präventions- und Interventionstipps für Führungskräfte abgerundet, die aus *Best Practice*-Beispielen von Führungskräften abgeleitet wurden.

Wann spricht man von Mobbing? 2

Inhaltsverzeichnis

2.1   Mobbing – Screening und Erscheinungsformen

Der Begriff Mobbing beschreibt systematische Schikanen am Arbeitsplatz, die zu zunehmender Isolierung unter der Voraussetzung eines Machtungleichgewichtes bei den Betroffenen führen (vgl. Kolodej 2008). Dieses Machtungleichgewicht kann die Anzahl der Personen oder aber ihre Machtbefugnisse betreffen. Das Machtgefälle kann in den Funktionen der Beteiligten begründet sein, indem z. B. ein Vorgesetzter seinen Untergebenen gezielt schikaniert, was auch mit dem Begriff Bossing benannt wird. Es kann jedoch auch eine kleine Gruppe von Personen einer größeren Gruppe gegenüberstehen. Für diese Form des Mobbing wird der Begriff Mobbing herangezogen. „Staffing" definiert Schikanen von mehreren Untergebenen zu einem Vorgesetzten. „Bullying" ist im deutschsprachigen Raum für Mobbing im Schulbereich gebräuchlich. Zudem haben sich in den letzten Jahren die Begriffe „Cyber-Mobbing" und „Cyber-Bullying" durchgesetzt, die für die Schikane am Arbeitsplatz und in der Schule mittels der neuen Medien stehen (vgl. Kolodej 2018b).

Es gibt eine Vielzahl von Mobbinghandlungen, die letztendlich gar nicht alle erfasst werden können und hier beispielhaft genannt werden. Diese beispielhafte Nennung wird dem FFTM 3 (vgl. Kolodej et al. 2018) vorangestellt, einem Screeningverfahren, welches aus drei Fragen besteht, wissenschaftlich geprüft ist und einen eventuellen Mobbingverdacht schnell prüfen kann.

© Springer Fachmedien Wiesbaden GmbH, ein Teil von Springer Nature 2020   3
C. Kolodej und P. Smutny, *Führungs- und Organisationsverantwortung bei
Mobbing,* essentials, https://doi.org/10.1007/978-3-658-29560-8_2

Unter systematischen Schikanen werden vielfältige Handlungen subsumiert, die

- **gezielt Menschen ins Abseits stellen und die Möglichkeit sich mitzuteilen einschränken,** z. B. durch ständige unberechtigte Kritik und Unterbrechungen
- **die Betroffenen gezielt sozial isolieren,** indem z. B. nicht mehr mit ihnen gesprochen wird, sie wie Luft behandelt oder räumlich isoliert werden
- **auf das soziale Ansehen abzielen,** indem über die Betroffenen z. B. Gerüchte verbreitet oder sie öffentlich lächerlich gemacht werden
- **die Berufs- und die Lebenssituation betreffen,** indem die Betroffenen z. B. gezielt über- bzw. unterfordert oder ihnen Informationen bewusst vorenthalten werden
- **zur Beeinträchtigung der Gesundheit beitragen** können, z. B. durch Gewaltandrohungen, Gewalt oder Zuweisung gesundheitsschädigender Arbeiten

Die drei grundlegenden Fragen des FFTM3, bei denen von einem hohen Mobbingverdacht gesprochen werden kann, wenn diese alle bejaht werden, lauten wie in Abb. 2.1 dargestellt.

Es sei darauf verwiesen, dass es auch eine erweiterte Version des FFTM gibt, der neben dem Mobbingverdacht auch den Schweregrad des Mobbing zu prüfen vermag (FFQM7) (vgl. Kolodej et al. 2020).

Mobbing – Schnelltest FFTM 3 (Christa Kolodej)

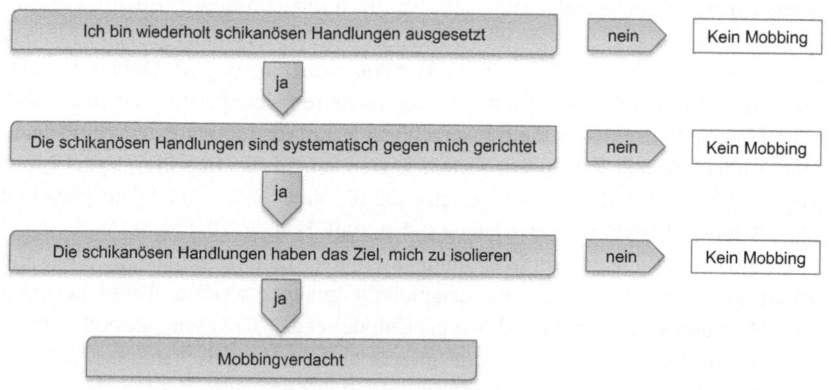

Abb. 2.1   FFTM3, Kolodej (2018)

Wichtig ist, dass Mobbing in der Regel nicht unmittelbar auftritt, sondern einen spezifischen **Prozessverlauf** hat. Nach Leymann (1993, vgl. Kolodej 2018) kommt es in einer ersten Phase zu Konflikten und einzelnen Unstimmigkeiten. Wird diesen nicht angemessen begegnet, kann es in der zweiten Phase zu Mobbing kommen. In einer dritten Phase folgen unternehmerische und betriebliche Fehleinschätzungen. Die Schuld wird meist ausschließlich bei den Mobbingbetroffenen gesehen, die sanktioniert werden. In der vierten Phase kann es zu stigmatisierenden Diagnosen kommen. Es folgt in der fünften Phase der endgültige Ausschluss aus der Arbeitswelt und die von Mobbing betroffene Person ist meist völlig isoliert, sowie psychisch und physisch stark beeinträchtigt.

Grundsätzlich ist es wichtig, bei Veränderungen im Verhalten von MitarbeiterInnen oder von ganzen Abteilungen hellhörig zu werden. Mobbing zeigt sich oft in erhöhter Fluktuation und Krankenständen, gehäuften MitarbeiterInnen-Beschwerden, einem Abfall der Produktion, deutlichen Spannungen im Team bzw. deutlichen Fraktionsbildungen, bei denen einzelne MitarbeiterInnen ausgeschlossen werden. Aber auch dann, wenn Einzelne sich auffällig zurückziehen, innerlich kündigen, im Team isoliert sind, ist es wichtig, klar und offen das Verhalten anzusprechen und mögliche Ursachen zu erkunden.

2.2 Rechtliche Annäherungen an Mobbing

Eine **rechtliche Definition von Mobbing,** die sich in der jüngsten Gerichtspraxis auch bewährt hat, liefert u. a. Art. 12a Abs. 3 des Europäischen Beamtenstatuts (Verordnung Nr. 31 [EWG] 11 [EAG] über das Statut der Beamten und über die Beschäftigungsbedingungen für die sonstigen Bediensteten der Europäischen Wirtschaftsgemeinschaft und der Europäischen Atomgemeinschaft, ABl. 45 vom 14.06.1962, S. 1385 idgF; die Mobbingdefinition fand im Jahr 2004 Eingang in das Beamtenstatut).

Das Gericht der Europäischen Union (EuG), das sich u. a. mit Rechtsstreitigkeiten über die Arbeitsbeziehungen zwischen den Organen der Europäischen Union und ihrem Personal zu beschäftigen hat, hielt in Auslegung dieser Bestimmung fest:

> „Der Begriff ‚Mobbing' wird als ‚ungebührliches Verhalten' definiert, das erstens in Verhaltensweisen, mündlichen oder schriftlichen Äußerungen, Handlungen oder Gesten zum Ausdruck kommt, die ‚über einen längeren Zeitraum, wiederholt oder systematisch' erfolgen, so dass unter Mobbing ein Vorgang zu verstehen ist, der notwendigerweise eine gewisse Zeitspanne umfasst und wiederholte oder andauernde

Handlungen voraussetzt, die ‚vorsätzlich' und nicht ‚zufällig' sind. Zweitens müssen diese Verhaltensweisen, mündlichen oder schriftlichen Äußerungen, Handlungen oder Gesten, um unter diesen Begriff zu fallen, zur Folge haben, dass die Persönlichkeit, die Würde oder die physische oder psychische Integrität einer Person angegriffen wird. Nicht erforderlich ist also, dass diese Verhaltensweisen, mündlichen oder schriftlichen Äußerungen, Handlungen oder Gesten mit der Absicht vorgenommen wurden, die Persönlichkeit, die Würde oder die physische oder psychische Integrität einer Person anzugreifen. Mit anderen Worten: Mobbing kann vorliegen, ohne dass derjenige, der es betreibt, das Opfer mit seinen Handlungen in Misskredit bringen oder absichtlich dessen Arbeitsbedingungen verschlechtern wollte. Es genügt, dass seine Handlungen, sofern sie willentlich begangen wurden, objektiv derartige Folgen haben. Da schließlich die fraglichen Handlungen nach Art. 12a Abs. 3 des Statuts ungebührlich sein müssen, unterliegt die Einstufung als ‚Mobbing' der Voraussetzung, dass das Mobbing insoweit eine ausreichend objektive Realität darstellt, als ein in derselben Lage befindlicher neutraler und vernünftiger Beobachter, dessen Sensibilität im Bereich des Normalen liegt, das fragliche Verhalten der die fragliche Handlung als unangemessen und kritikwürdig ansehen würde" (Urteil des EuG vom 13.07.2018, T-275/17 Curto gg. Europäisches Parlament, Rn. 76–78).

Einige europäische Staaten haben eigene **„Anti-Mobbing-Gesetze"** geschaffen. So fand in Frankreich sowohl im Arbeitsrecht als auch im Strafrecht der Tatbestand des „harcèlement moral" Eingang. Wörtlich mit „moralischer Belästigung", im allgemeinen Sprachgebrauch aber mit „Mobbing" übersetzt, besteht „harcèlement moral" nach dem Gesetzeswortlaut in „wiederholten Äußerungen oder Handlungen mit dem Ziel oder der Wirkung, die Arbeitsbedingungen der Angestellten so zu verschlechtern, dass ihr Recht auf Würde beschnitten, ihre körperliche oder geistige Gesundheit geschädigt oder ihre berufliche Zukunft gefährdet werden könnte." Diese Umschreibung findet sich sowohl als arbeitsrechtliches Verbot (vgl Artikel L1152-1 des Code du travail) als auch als Straftatbestand (vgl Artikel 222-33-2 des Code pénal, der dieses Verhalten mit Freiheitsstrafe bis zu 2 Jahren und Geldstrafe bis 30.000,- EURO bedroht). Im Dezember 2019 wurden in Frankreich mehrere Manager eines ehemals staatlichen Konzerns, die im Zuge des mit der Privatisierung verbundenen Personalabbaus MitarbeiterInnen systematisch aus dem Unternehmen gemobbt haben sollen, in erster Instanz (nicht rechtskräftig) zu mehrmonatigen Haftstrafen verurteilt.

Demgegenüber verweist man sowohl in Deutschland als auch in Österreich auf allgemeine grundrechtliche Bestimmungen bzw. Regelungen aus dem antidiskriminierungsrechtlichen oder arbeitsrechtlichen Kontext, sodass hier keine einheitliche rechtliche Definition von Mobbing existiert (Smutny und Hopf 2003).

In Österreich wurde beispielsweise mit 01.01.2010 ein „Mobbingverbot" für den öffentlichen Dienst eingeführt (§ 43a BDG 1979, § 5 Abs 1 VBG u. a.), jedoch aufgrund der Schwierigkeiten bei der Erfassung der Vielfalt an Mobbinghandlungen im Rahmen einer Definition auf eine solche im Gesetzestext verzichtet. In den Erläuterungen zu diesem Gesetz wird Mobbing in der Tradition des deutsch-schwedischen Arbeitspsychologen und Mobbingdoyens Leymann stehend als „eine konfliktbelastete Kommunikation am Arbeitsplatz unter Kolleginnen und Kollegen oder zwischen Vorgesetzten und Mitarbeiterinnen und Mitarbeitern, bei der die angegriffene Person unterlegen ist und von einer oder einigen Personen systematisch, oft und während längerer Zeit mit dem Ziel und/oder Effekt des Ausstoßes aus dem Arbeitsverhältnis direkt oder indirekt angegriffen wird", definiert. Wenn man das, was die Bestimmung des § 43a BDG 1979 verbietet, nämlich im Umgang mit Vorgesetzten, Kolleginnen und Kollegen sowie Mitarbeiterinnen und Mitarbeitern Verhaltensweisen oder das Schaffen von Arbeitsbedingungen zu unterlassen, die deren menschliche Würde verletzen oder dies bezwecken oder sonst diskriminierend sind, mit dem Titel der Bestimmung („Mobbingverbot") vergleicht, kann man davon ausgehen, dass der Gesetzgeber von einem eher weiteren Mobbingverständnis ausgegangen ist.

Auch die österreichische Rechtsprechung orientiert sich primär am Begriff „Mobbing" im Sinne Leymanns und geht dann von Mobbing aus, wenn ein systematisches, ausgrenzendes und prozesshaftes Geschehen über einen längeren Zeitraum, etwa durch systematische Verweigerung jeder Anerkennung, Isolation, Zurückhaltung von Informationen oder Rufschädigung, vorliegt (OGH 15.05.2019, 9 ObA 41/19y; 27.05.2019, 1 Ob 71/19a). Gesetzlich definiert und für die rechtliche Betrachtung von Mobbing von besonderer Bedeutung ist jedoch, wann eine Belästigung aufgrund eines diskriminierungsgeschützten Merkmals vorliegt (vgl § 7d Behinderteneinstellungsgesetz BEinstG; §§ 6, 7, 21 Gleichbehandlungsgesetz GlBG). Dies wird dann bejaht, wenn jemand unter Bezugnahme auf das Geschlecht, das Alter, die ethnische Zugehörigkeit, die Religion oder Weltanschauung, die sexuelle Orientierung oder eine Behinderung der betroffenen Person ein Verhalten setzt, das

- die Würde der betroffenen Person beeinträchtigt oder dies bezweckt;
- für die betroffene Person unerwünscht, unangebracht oder anstößig ist und
- eine einschüchternde, feindselige oder demütigende Arbeitsumwelt für die betroffene Person schafft oder dies bezweckt.

Aufgrund der vielfachen **Parallelen zwischen Belästigung und Mobbing** und der im Gleichbehandlungsrecht zumindest ansatzweise definierten Handlungserfordernisse für ArbeitgeberInnen wird in der Entscheidungspraxis auch an diese Definition angeknüpft (OGH 05.06.2008, 9 ObA 18/08z); von einer allgemeingültigen Definition von Mobbing im österreichischen Gleichbehandlungsrecht kann jedoch schon aus dem Grund nicht gesprochen werden, weil Mobbing generell nicht mit einem diskriminierungsgeschützten Merkmal in Zusammenhang stehen *muss* und Mobbing außerdem auch nach der Judikatur ein systematisches, prozesshaftes Geschehen, das sich über einen längeren Zeitraum erstreckt, voraussetzt (OGH 28.11.2018, 9 ObA 107/18b), eine Belästigung aber zweifellos auch bereits durch ein einmaliges Verhalten bewirkt werden kann (OGH 02.09.2008, 8 ObA 59/08x). Auch wenn grundsätzlich die rechtliche Würdigung eines als „Mobbing am Arbeitsplatz" bezeichneten Sachverhalts unter dem Blickwinkel zu erfolgen hat, ob von den beteiligten Akteuren arbeitsrechtliche Pflichten verletzt wurden, weil Mobbing (bislang) nicht als eigenständige Anspruchsgrundlage im Arbeitsrecht, ausgenommen im Fall der konkret definierten Belästigungstatbestände des Gleichbehandlungsrechts, zur Verfügung steht, vermittelt der Begriff auch aus Sicht der Höchstgerichte den RechtsanwenderInnen ein bestimmtes Bild vom Geschehen und hilft, die über einen mehr oder weniger langen Zeitraum erfolgten Unterlassungen und/oder gravierenden Handlungen, denen ein Arbeitnehmer/eine Arbeitnehmerin am Arbeitsplatz ausgesetzt war, unter einer Bezeichnung zusammenzufassen. Die durch die Langzeitbelastung oder die Beeinträchtigung durch eine Vielzahl von Übergriffen oft zu beobachtenden exponentiell ansteigenden Folgen machen deutlich, dass auch wenn es im Verfahren erforderlich ist, das Mobbinggeschehen anhand einzelner Übergriffe zu konkretisieren und zu substantiieren, dieses als ein **Mehr als die Summe seiner Teile** zu begreifen ist. Das setzt allerdings ein gewisses Grundverständnis der (organisations-)psychologischen und allenfalls medizinischen Auswirkungen von Mobbing voraus. Dieses ist auch dienlich, um Mobbing von Auseinandersetzungen und Meinungsverschiedenheiten, wie sie täglich am Arbeitsplatz vorkommen und die in der Regel keinen besonderen Handlungsbedarf auf Arbeitgeberseite hervorrufen, zu unterscheiden (OGH 26.11.2012, 9 Ob A 131/11x).

Das deutsche Bundesarbeitsgericht (BAG) beschrieb Mobbing schon im Jahr 1997 als „das systematische Anfeinden, Schikanieren oder Diskriminieren von Arbeitnehmern untereinander oder durch Vorgesetzte" (BAG 15.01.1997, 7 ABR 14/96). Auch die deutschen Gerichte verneinen das Vorliegen von Mobbing, wenn kein systematisches Verhalten festgestellt werden kann (LAG Schleswig-Holstein 19.03.2002, 3 Sa 1/02, DB 2002, 1056) und umschreiben Mobbing im Übrigen nahezu gleichlautend wie in Österreich als Verhalten, das bezweckt oder bewirkt, dass die Würde (der betroffenen Person) verletzt und ein von Einschüchterungen, Anfeindungen, Erniedrigungen, Entwürdigungen oder Beleidigungen gekennzeichnetes Umfeld geschaffen wird (BAG 25.10.2007, 8 AZR 593/06).

Welchem Ansatz man nun letztlich folgt, kennzeichnend ist jedenfalls die **Systematik der Schikanen** (im Gegensatz zum zufälligen, anlassbezogenen Konflikt), **verbunden mit einer gewissen Häufigkeit und Dauer der Handlungen.** Verfolgt wird die Isolation und schließlich der Ausschluss der gemobbten Person, sei es von einem speziellen Tätigkeitsfeld, sei es aus dem Unternehmen oder der Organisation zur Gänze.

Organisationale und führungsrelevante Aspekte von Mobbing

3

Inhaltsverzeichnis

Leymann definiert Mobbing als Phänomen, das aus negativen kommunikativen Handlungen besteht, „die gegen eine Person gerichtet sind (von einer oder mehreren anderen) und die sehr oft oder über einen längeren Zeitraum hinaus vorkommen und damit die Beziehung zwischen Täter und Opfer kennzeichnen" (Leymann 1993, S. 21). In Bezug auf organisatorische Variablen sei hier die Definition von Smith zitiert. Er definiert **Bullying als einen systematischen, wiederholten Missbrauch sozialer Macht in den kontrollfreien Räumen hierarchisch strukturierter Systeme** (vgl. Smith 1994).

© Springer Fachmedien Wiesbaden GmbH, ein Teil von Springer Nature 2020
C. Kolodej und P. Smutny, *Führungs- und Organisationsverantwortung bei Mobbing*, essentials, https://doi.org/10.1007/978-3-658-29560-8_3

3.1 Führungsverhalten

▶ Mobbing ist ein kontextbezogenes Phänomen. Der Kontext bestimmt maßgeblich die Dynamiken.

Zahlreiche Studien weisen auf den wichtigen Aspekt des **Führungsverhaltens** bei Mobbing hin. Schon Lewin et al. (1939) haben zu den Auswirkungen von unterschiedlichen Führungsstilen eine bahnbrechende Studie durchgeführt. In ihrer Untersuchung haben sie vier Gruppen von je fünf zehnjährigen Jungen über fünf Monate je eine Stunde pro Woche gemeinsam Gruppenaktivitäten machen lassen, wie z. B. Theatermasken basteln oder Modellflugzeuge konstruieren. In dieser Zeit erfolgte ein Führungsstil- und Leiterwechsel in sechswöchigen Intervallen, sodass jede Gruppe drei unterschiedliche Führungsstile erfahren konnte. Hierbei war eine Art der Führung der **autoritäre Führungsstil,** der klare Erwartungen darüber vorgab, was zu tun ist, wann es zu tun ist und wie es zu tun ist. Darüber hinaus kam der **demokratische Führungsstil** zur Anwendung, bei dem die Führung klare Orientierungen bei gleichzeitigem Einbezug der Wünsche der Gruppenmitglieder vorgab. Als dritte Variante wurde der **„laissez-faire" Führungsstil** praktiziert, der keinerlei Anleitung durch die Führung impliziert und die gesamte Entscheidungsfindung den Gruppenmitgliedern überließ.

Die Ergebnisse zeigen, dass sich ein Muster aggressiver Dominanz in der Gruppe bei der autoritären Führung entwickelte. Die Beziehung zur autoritären Leitung bestand in der Unterwerfung oder der ständigen Forderung nach Aufmerksamkeit. Die Interaktionen bei einer demokratischen Leitung waren spontaner, sachlicher und freundlicher. In Bezug auf die Dimension „offene feindselige Haltungen" waren die autoritär geführten Gruppen aggressiver als jene, die einen demokratischen Führungsstil erlebten. Zweimal im Verlauf der Treffen während der autoritären Phasen verschob sich die gegenseitige Aggression aller Mitglieder auf ein einzelnes Mitglied („Sündenbockphänomen"). Diese Untersuchung wird durch zahlreiche aktuelle Studien untermauert. Bortoluzzi et al. (2014) zeigen z. B., dass der Beitrag eines partizipativen Führungsstils zur Abschwächung des Mobbingrisikos in Arbeitsteams erheblich war. Sie weisen jedoch deutlich darauf hin, dass Mobbing ein facettenreiches Phänomen ist, welches nur schwer in seiner Gesamtheit erfasst werden kann. Der Führungsstil stellt hierbei ein zentrales, aber nicht das alleinige Kriterium dar. Auch die Untersuchungen von Ehresmann (2014) verweisen auf den Zusammenhang des Führungsstils wie des Betriebsklimas mit Mobbing: „Insbesondere das Betriebsklima $(r = -0{,}604)$ und die Führung $(r = -0{,}524)$ stehen in einem starken negativen Zusammenhang mit Mobbing. Je besser die Qualität von Führung, Betriebsklima und Kultur, je niedriger ist demnach das Mobbing-Ausmaß" (Ehresmann 2014, S. 167). Die konfliktpräventive Wirkung des demokratischen Führungsstils, hier partnerschaftlicher Stil genannt, wird auch durch die Untersuchung von Volk (2005) bestätigt: „Ein partnerschaftlicher Stil führt im Mittel zu einem positiveren Betriebsklima als ein autoritärer oder gleichgültiger Führungsstil. Ein gleichgültiger Führungsstil scheint das Betriebsklima tendenziell (keine Signifikanz-Aussage) sogar mehr zu schädigen als ein autoritärer Führungsstil" (Volk 2005, S. 179). Erwähnt sei jedoch, dass speziell bei bereits bestehenden Konflikten mit hohem Eskalationsgrad, wie dies bei Mobbing der Fall ist, Machteingriffe notwendig und sinnvoll sein können, wenn sie lediglich auf die akute Konfliktbeherrschung abzielen.

Die Ergebnisse der Studie von Volk (2005) weisen zudem deutlich auf die Bedeutung des **Betriebsklimas** hin. „Das Betriebsklima hat einen sehr starken Einfluss auf die Auftretenswahrscheinlichkeit von Mobbing. Bei schlechtem Betriebsklima und in weniger deutlichem Ausmaß bei mittelmäßigem Betriebsklima treten mehr Mobbingfälle auf (…). Gutes Betriebsklima dagegen führt dazu, dass weniger Mobbinghandlungen vorkommen als erwartet" (Volk 2005, S. 185). Volk zeigt hierbei den Zusammenhang zwischen dem Betriebsklima und den jeweiligen unterschiedlichen Führungsstilen auf. „Ein autoritärer Führungsstil führt bei schlechtem Betriebsklima zu mehr Mobbingfällen als bei gutem Betriebsklima (…). Ein partnerschaftlicher Führungsstil führt immer zu einer Reduzierung der Mobbinghäufigkeit (…), wobei diese Auswirkung sich jedoch bei gutem Betriebsklima in stärkerem Maße zeigt als bei schlechtem" (Volk 2005, S. 198). Zudem gibt seine Untersuchung darüber Auskunft, wie Führung gelebt werden muss, um das Mobbingrisiko zu minimieren: „Bei einem hohen Informationsfluss wird die Wahrscheinlichkeit, dass Mobbingfälle auftreten, gesenkt." (vgl. Volk 2005, S. 187 f.). Bedeutend ist zudem die „Klarheit der aufgabenbezogenen Information" durch die Vorgesetzten, die dazu führt, dass Mobbingfälle seltener auftreten. Auch zeigt sich, dass die Fähigkeit des Vorgesetzten, gute Leistungen der MitarbeiterInnen anzuerkennen, die Auftretenswahrscheinlichkeit von Mobbing senken kann (vgl. Volk 2005, S. 187 ff.). Teambildung-Maßnahmen, konstruktive Kommunikation und Förderung der MitarbeiterInnen können Mobbing zudem reduzieren: „Je mehr der Vorgesetzte zu Teambildung und Zusammenarbeit am Arbeitsplatz beiträgt, desto seltener treten Fälle von Mobbing auf. (…) Wenn der Vorgesetzte sich um die Belange der Mitarbeiter kümmert und ihre Weiterentwicklung fördert, dann sinkt die Wahrscheinlichkeit, dass Mobbinghandlungen zu beobachten sind" (Volk 2005, S. 191 f.). Zudem weist die Studie auf die wichtige Bedeutung der Aufsicht und Unterstützung durch den Vorgesetzten hin. „Je mehr der Vorgesetzte die Arbeitsabläufe beaufsichtigt und die Mitarbeiter bei der Arbeitsausführung unterstützt, desto geringer wird die Mobbingwahrscheinlichkeit" (Volk 2005, S. 190).

Nicht zuletzt sei darauf verwiesen, dass u. a. auch das **Arbeitspensum** selbst als auch der **individuelle Handlungsspielraum** einen Einfluss auf das Mobbinggeschehen haben. Sowohl ein erhöhtes Arbeitspensum als auch geringe Autonomie bei der Arbeit weisen einen positiven Zusammenhang mit Mobbing auf (vgl. Baillien et al. 2011).

3.2   Organisationsvariablen

▶   Mobbingsituationen stellen eine Rückmeldung über einen Bedarf im System Organisation dar.

Wie die vorangegangenen Studien zeigen, gibt es einen engen Zusammenhang zwischen unterschiedlichen betrieblichen Faktoren – wie z. B. dem Führungsstil, dem Betriebsklima, der Art und Weise der Kommunikations- und Informationsübermittlung oder der Arbeitsgestaltung – und der Auftretenswahrscheinlichkeit von Mobbing. Das Auftreten von Mobbing gibt so nicht nur Auskunft über die aktuelle Situation, sondern auch über den Bedarf im System selbst. Dementsprechend sind über anlassbezogene Interventionen, die in einer „angemessenen, unverzüglichen Abhilfe" (siehe Fürsorgepflicht des AG) bestehen müssen, präventive Maßnahmen im System zu setzen.

3.3   Psychologische Arbeitsgestaltung

▶   Ein gut gestaltetes Arbeitsumfeld stellt die Grundlage der betrieblichen Mobbingprävention dar.

Als hilfreiche Orientierung für die Gestaltung des Arbeitsumfeldes sind die vier mitarbeiterbezogenen Kriterien psychologischer Arbeitsgestaltung zu nennen, die aufeinander aufbauend sind (vgl. Hacker und Richter 1980; Hacker und Sachse 2014).

1. Der erste Aspekt ist die *Ausführbarkeit.* Die Arbeitstätigkeiten sind so zu gestalten, dass sie anforderungsgerecht, zuverlässig und langfristig ausführbar sind.
2. Der zweite Aspekt in der Arbeitsgestaltung ist die *Schädigungslosigkeit.* Gemeint ist hier, dass psychophysische Gesundheitsschäden wie z. B. Lärm oder Staubbelastung abgewendet werden.

3. Der dritte Aspekt in der Arbeitsgestaltung ist die ***Beeinträchtigungsfreiheit,*** jegliche somatischen oder psychischen Beeinträchtigungen wie z. B. übermäßiger Stress sollten unterbunden werden.

4. Der vierte Aspekt ist die ***Persönlichkeitsförderlichkeit,*** das heißt die Beschäftigten sollen bestmöglich befähigt werden, ihr Potenzial zu entfalten. Hierfür werden spezifische Gestaltungsmerkmale genannt wie z. B. die Sinnhaftigkeit, die Möglichkeiten zu sozialen Interaktion oder Lern- und Entwicklungsmöglichkeiten.

3.4 Strategie

▶ Mobbingdynamiken implizieren ein Machtungleichgewicht zuungunsten der Betroffenen. Interventionen müssen den Machtausgleich anstreben.

Im Fall von Mobbing ist zu berücksichtigen, dass es zu einem Machtungleichgewicht gekommen ist. Dieses kann in der Anzahl der Personen (wie bei Mobbing in derselben Hierarchieebene) als auch durch unterschiedliche Machtbefugnisse (wie z. B. bei Bossing) begründet sein. Gerade dieses starke Machtungleichgewicht kann zu einer sehr eingeschränkten Handlungsfähigkeit bei den Betroffenen führen.

Entscheidend bei der Intervention gegen Mobbing ist aufgrund des starken Machtungleichgewichts eine strategische Vorgangsweise. Ist dies nicht möglich, ist die Gegenwehr stark eingeschränkt. Die Berücksichtigung des Aspektes ist sowohl für die Betroffenen als auch für Führungskräfte von entscheidender Bedeutung. Aus der Sicht der Betroffenen kann dieses u. a. durch ein verändertes eigenes Verhalten, den Einbezug von unterstützenden Personen oder Systemen (Betriebsrat bzw. Interessenvertretungen) oder aber auch das Erstellen und Vorlegen eines Gutachtens erfolgen. Aus der Sicht der Führungskraft ist es wichtig, die Gruppendynamik und die Machtverhältnisse innerhalb der Gruppe zu reflektieren, um eine angemessene und schnelle Intervention, die nachhaltig das Mobbing beendet, garantieren zu können (vgl. Kolodej und Majoros 2010).

3.5 Gruppendynamik

▶ Mobbingdynamiken sind Gruppendynamiken, die zur De-Individualisierung einzelner Gruppenmitglieder führen können.

Mobbing stellt ein gruppendynamisches Phänomen dar, welches zur De-Individualisierung bei den Beteiligten führt. Dieser Prozess kann durch das Asch-Experiment gut dokumentiert werden. Asch (1952) hat bereits in seiner psychologischen Untersuchung zum Einfluss von Gruppen auf Einzelindividuen ein äußerst einfaches und erkenntnisreiches Setting gestaltet. Er arbeitete mit einer Gruppe von sieben Versuchspersonen. Bei jedem Durchgang war eine der Linien deutlich erkennbar gleich lang wie die Referenzlinie (vgl. Abb. 3.1). Fünf der Teilnehmenden waren jedoch im Voraus instruiert worden, einstimmig ab dem dritten Durchgang die falsche Antwort über die Längenverhältnisse zu geben. Ausschließlich ein Teilnehmer, die eigentliche Versuchsperson, war nicht informiert und saß so, dass er immer als Vorletzter sein Votum abzugeben hatte (vgl. Kolodej 2019).

Asch stellte fest, dass etwa ein Drittel (37 %) der Teilnehmer, die in diese Situation gebracht wurden, sich der Mehrheitsmeinung anschlossen. In der Kontrollgruppe sollten alle eingeweihten Versuchspersonen eine korrekte Antwort geben. Erwartungsgemäß machte die wirkliche Versuchsperson unter dieser Bedingung kaum Fehler (unter 1 %). In allen zwölf manipulierten Durchgängen stimmten etwa 75 % der Teilnehmer mindestens einmal überein, und 25 % der Teilnehmer stimmten nie überein. Interessant ist auch, dass das Abstimmungsverhalten der wirklichen Versuchsperson sich entscheidend veränderte, wenn nur eine der eingeweihten Personen ebenfalls korrekt abstimmte. In diesem Untersuchungssetting gaben nur 5 % eine falsche Antwort, verglichen mit 37 %, wenn sie der Versuchssituation alleine ausgesetzt waren. Diese Variation der Untersuchung zeigt, dass der Einfluss der Gruppe auch von ihrer Einstimmigkeit abhängig ist. Ist diese nicht gegeben, verringert das den Einfluss der Gruppe erheblich. Dies weist auf die besondere Bedeutung der Zivilcourage in Gruppensituationen hin. Zudem wirkt sich der Gruppendruck maßgeblich geringer aus,

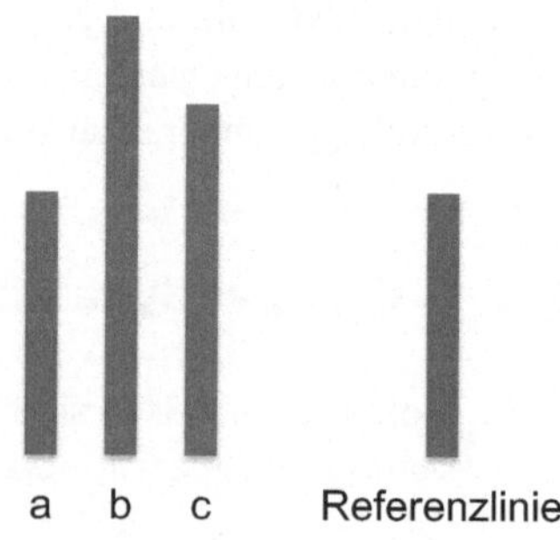

Abb. 3.1 Referenzlinie und Vergleichslinien, Asch (1952)

wenn die individuelle Meinung nicht sprachlich vor der gesamten Gruppe vorgebracht wird, sondern schriftlich. Diese Untersuchung zum Thema Gruppendynamik konnte durch zahlreiche aktuelle Untersuchungen gestützt werden, so zeigte sich in der Untersuchung von Haun und Tomasello (2011), die mit Kindern im Vorschulalter durchgeführt wurde, dass Kinder bereits im Vorschulalter unter einem Gruppenzwang stehen. Sie ändern zwar ihre „echte" Einschätzung der Situation nicht, äußern jedoch öffentlich eine andere Meinung.

3.6 Rollenverteilung

▶ Mobbing ist ein gruppendynamisches Phänomen, welches nicht nur durch Täter- und Opferverhalten beschreibbar ist.

Mobbing ist ein Phänomen, welches sich nicht nur durch Opfer- und Täterverhalten beschreiben lässt, worauf bereits Leymann hingewiesen hat, wenn er darauf aufmerksam macht, dass der Blick auch auf die sogenannten „Möglichmacher" zu lenken ist (1993). Dieser Hinweis wird durch den **Participant Role Approach** gestützt. Salmivalli (1999) hat eine differenzierte Rollenaufteilung bei Mobbing durch ihre Untersuchungen im Schulbereich beschrieben. „This view looks at bullying as a group phenomenon which is largely enabled and maintained by members of a school class taking on different participant roles (such as assistants of the bully, reinforcers of the bully, or outsiders). Since peers are involved in bullying in different ways, and seem to be powerful moderators of behaviour in a school class, this ‚peer group power' should also be utilized in putting an end to bullying" (Salmivalli 1999, S. 453). Es zeigt sich, dass im Mobbinggeschehen sechs Rollen identifiziert werden können. Hierbei sind fünf Rollen selbst gewählt und nur das sogenannte Mobbingopfer bekommt die Rolle zugeschrieben. Die Rollen können in zwei Kategorien eingeteilt werden. Drei Rollen implizieren nicht aggressive Verhaltensweisen (Opfer, Außenstehende/r, VerteidigerIn – die sogenannten Anti-Mobbing-Rollen) und die anderen drei die aggressiven Verhaltensweisen (TäterIn, AssistentIn, VerstärkerIn – die sogenannten Pro-Mobbing-Rollen) (s. Tab. 3.1).

Es gibt eine große Anzahl von Studien, die diese unterschiedlichen Rollen im Mobbinggeschehen bestätigen, und es ist davon auszugehen, dass sie auch bei Mobbing im Erwachsenenalter wiederzufinden sind. „Als Richtwert lässt sich über alle Studien zusammenfassen, dass etwa 10 % der Schüler Bullying initiieren und steuern (Täter) und dabei von ca. 20–30 % der Mitschüler aktiv (Assistenten) oder durch Anfeuern und Lachen (Verstärker) unterstützt werden. Weitere 20–30 %

Tab. 3.1 Rollen im Mobbingprozess (vgl. Kolodej 2018)

MobberIn	Er/sie ist RädelsführerIn und initiiert das Mobbing aktiv, führungsorientiert und Initiative ergreifend
AssistentIn des/der MobberIn	Der/die AssistentIn beteiligt sich aktiv, täterorientiert am Mobbing, initiiert dieses aber nicht selbst
VerstärkerIn des/der MobberIn	VerstärkerInnen unterstützen das Mobbing. Sie spornen den/die TäterIn durch ihr Verhalten (lachen, jubeln, klatschen usw.) zu seinem/ihrem Verhalten an
Opfer	Das Opfer ist die von Mobbing betroffene Person
VerteidigerIn des Opfers	Der/die VerteidigerIn unterstützt, tröstet und schützt das Opfer. Er/sie versucht aktiv, etwas gegen das Mobbing zu tun
AußenseiterIn	Der/die AußenseiterIn zeichnet sich durch passives Verhalten wie „Nichtstun" bzw. „sich raushalten" aus. Sie befürworten das Mobbing jedoch nicht

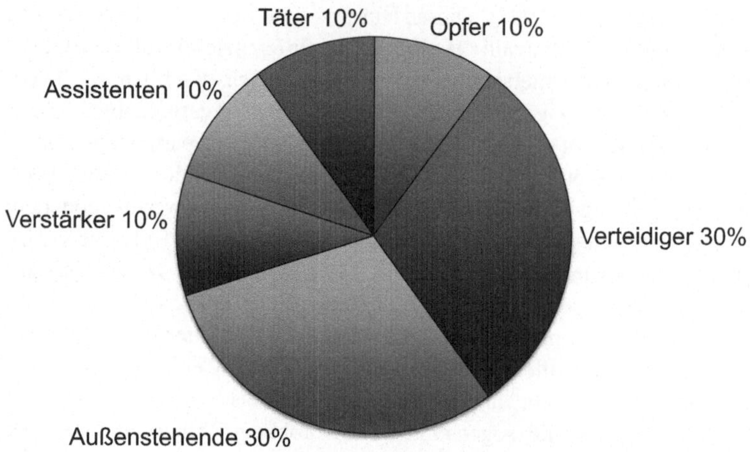

Abb. 3.2 Rollen im Mobbingprozess (Hörmann und Schäfer 2009)

Schüler werden identifiziert, die zwar anwesend sind, aber nicht eingreifen (Außenstehende), weitere 20–30 % der Schüler stellen sich nach Angaben ihrer Mitschüler tröstend und intervenierend auf die Seite der Opfer (Verteidiger). Der Prozentsatz der Opfer variiert um 10 %" (Hörmann und Schäfer 2009, S. 112 ff.) (s. Abb. 3.2).

Wie sich zeigt, ist nur etwa ein Drittel der Beteiligten am Anfang einer Mobbingsituation dem Täterbereich zuzuordnen. Es besteht also ein Überhang zugunsten des Opfers und jener, die unterstützendes Verhalten an den Tag legen oder sich nicht am Geschehen beteiligen. Untersuchungen im Schulbereich zeigen zudem, dass das LehrerInnenverhalten maßgeblich über die Entwicklung des Mobbingprozesses entscheidet.

> „Wichtig ist die Erkenntnis, dass das Lehrerverhalten darüber entscheidet, wie sich die Gruppendynamik bei Mobbing entwickelt. Insgesamt befinden sich ungefähr sechzig Prozent Kinder in einer Klasse, die sich nicht aggressiv verhalten und die man zur Erhaltung oder zum Schutz eines guten Klassenklimas aktivieren könnte. Sechzig Prozent Kinder, die für Maßnahmen gegen Mobbing leicht zu gewinnen sind. Wenn hingegen nichts getan wird, verkehren sich die Zahlen ins Gegenteil, eben weil die dreißig Prozent der Unbeteiligten dann unwillkürlich die Täterseite stärken" (Schäfer und Herpell 2012, S. 39).

Auch die Bereitschaft der Unterstützenden sinkt, je länger Mobbing andauert. „Und sie steht vor allem oft in einem direkten Zusammenhang mit dem schnellen und beherzten Eingreifen der Lehrer" (Schäfer und Herpell 2012, S. 39). Das LehrerInnenverhalten in der Schule wie das Verhalten der Führungskraft in den Betrieben bestimmt demnach maßgeblich darüber mit, ob sich das Kräfteverhältnis zu Ungunsten der Mobbingbetroffenen entwickelt und Mobbing weiterbesteht.

3.7 Lösungsfokussierte Ansätze

▶ Mobbingdynamiken lassen sich auch über lösungsfokussierte Ansätze beenden, ohne Täter/Opfer-Kategorisierungen zu bedienen.

Neben den klassischen Maßnahmen, die von Gesprächen bis zu unterschiedlichen Sanktionen reichen, gibt es auch Ansätze, die ohne Sanktionen und Schuldzuweisungen intervenieren. Hierbei sei der „No Blame Approach" erwähnt, der den lösungsfokussierten Ansätzen zuzuordnen ist (vgl. Robinson und Maines 1997, 2008). Die Methode wird im Erwachsenenbereich „Shared Responsibility Approach" genannt (vgl. Blum und Beck 2014, 2016). Der Ansatz ist zukunfts- und lösungsorientiert, was auch bedeutet, dass detailliertes Wissen über das Mobbinggeschehen nicht erforderlich ist, um das Mobbing zu beenden. Es wird lediglich auf die Rollenverteilung eingegangen. Auf Schuldzuweisungen, Sanktionen und Druck, das heißt auch auf Bewertungen und Verurteilungen, wird verzichtet. Zentral ist, dass die Beteiligten als ExpertInnen für die Lösung gesehen werden und ihnen die Verantwortung der Veränderung zugetraut wird (vgl. Kolodej 2018). An einer Studie zum „No Blame Approach" wurden von 220 Mobbingfällen 192 Mobbingfälle gelöst, das heißt 87,3 % davon konnten erfolgreich beendet werden. Bei 5,5 % der Fälle trat das Mobbing entweder gegen dieselbe Person wieder auf (3,2 %) oder es verlagerte sich auf andere Personen (2,3 %) (vgl. Bund für Soziale Verteidigung 2008). „Die Nachhaltigkeit der Interventionen in Fällen, in denen das Mobbing gestoppt wurde, kann als gesichert angesehen werden. Die untersuchten Nachhaltigkeitszeiträume, die in Abhängigkeit von der Zeitspanne zwischen Intervention und der Evaluationsbefragung betrachtet werden müssen, liegen zwischen vier Wochen und zwei Jahren. (…) Insgesamt stellt der No Blame Approach eine im Schulalltag leicht und erfolgreich anwendbare Interventionsmethode dar, die in einer Vielzahl von Fällen Mobbing unter Schülerinnen und Schülern äußerst wirksam und dauerhaft beendet" (Bund für Soziale Verteidigung 2008, S. 71).

> **Phasen des „No Blame Approach" (vgl. Kolodej 2018)**
>
> 1. Phase: Gespräch mit dem/der Mobingbetroffenen. Einholung der Einwilligung für den Prozess. Identifikation der relevanten Rollen im Mobbinggeschehen.
> 2. Phase: Bildung einer UnterstützerInnengruppe ohne den/die Betroffene/n, die sowohl unterstützende als auch mobbende Beteiligte involviert.
> 3. Phase: Evaluative Einzelgespräche mit allen Beteiligten, um den Status quo und etwaigen weiteren Veränderungsbedarf zu erheben.

In einem ersten Schritt wird ein Gespräch mit dem/der Betroffenen geführt. Die Methode wird erläutert und Vertrauen für die Vorgangsweise aufgebaut. Ziel des Gespräches ist es, das System so weit zu verstehen, dass konstruktive wie destruktive Beteiligte im Mobbinggeschehen ausgemacht werden können. Es ist jedoch nicht Ziel des Ansatzes, wie der Name bereits ausdrückt, Personen im Prozess Schuld zuzuweisen, sondern es geht lediglich darum, relevante Beteiligte zu identifizieren, die zur Beendigung der Mobbingsituation beitragen können. Zudem wird im ersten Schritt ein Nachfolgetreffen, 8–14 Tage später, vereinbart.

Im zweiten Schritt wird eine Unterstützungsgruppe gebildet, Lösungsvorschläge erarbeitet, Verantwortung an die Beteiligten übergeben sowie der Prozess fortlaufend kontrolliert. An der Unterstützungsgruppe nimmt der/die Betroffene nicht teil. Die nach dem Gespräch etablierte Gruppe besteht idealerweise aus sechs bis acht TeilnehmerInnen. Es wird darauf geachtet, dass zumindest 50 % konstruktive Personen in der Gruppe sind, um die Dynamik positiv zu beeinflussen. Die Gruppenmitglieder werden als ExpertInnen für die Integration des/der Betroffenen angesprochen. Die Etablierung von Gegenstrategien in der UnterstützerInnengruppe ist der eigentliche Kern der Methode, denn letztendlich wissen natürlich alle Beteiligten, was sie genau dazu beitragen können, um die Situation zu beenden (vgl. Kolodej 2019).

In der nachfolgenden dritten Phase werden mit den Gruppenbeteiligten Einzelgespräche zur Evaluierung durchgeführt. Diese werden mit dem/der Betroffenen begonnen, um die Entwicklung der Intervention einschätzen zu können. „Die Nachgespräche sorgen zum einen für Sicherheit, genug über die gegenwärtige Situation des Mobbingbetroffenen zu wissen, und zum anderen für Verbindlichkeit seitens der Mobbing-AkteurInnen. Sie verhindern, dass diejenigen, die gemobbt haben, ihre Handlungen wieder aufnehmen. Einzelgespräche sprechen auf einer persönlichen Verantwortungsebene an und stärken die Nachhaltigkeit. Ist das Mobbing beendet, kann gelegentliches Nachfragen bei den Beteiligten hilfreich sein, um die Dauerhaftigkeit der Intervention abzusichern" (Bund für Soziale Verteidigung 2008, S. 15). Aufgrund der Untersuchung von Baumann (2012) sollte bei dem beschriebenen Prozedere verstärkt auf die Erfolgskontrolle geachtet werden.

3.8   Zielbezug als Deeskalationsvariable

▶ Die Kraft in einem System und der Sinn des Zusammenwirkens entstehen aus dem Zielbezug. Dieser gerät bei Mobbing zunehmend aus dem Blickfeld.

Hoch eskalierte Konflikte und Mobbing zeichnen sich dadurch aus, dass die Beteiligten ihren Fokus je nach Eskalationsgrad verändern. In der ersten Hauptphase der Eskalation, der Verstimmung, befindet sich der Konflikt vorwiegend auf der inhaltlichen Ebene. In der zweiten Eskalationsphase, dem Schlagabtausch, findet der Konflikt vorwiegend auf der Beziehungsebene statt. Es bestehen destruktive Einstellungen gegenüber den Konfliktparteien, die die Beziehungen maßgeblich stören. In der dritten Eskalationsphase, der Vernichtung, konzentriert sich der Konflikt vorwiegend auf die Handlungsebene. „Der Übergang von einer Hauptphase zur nächsten ist einer Schwelle gleichzusetzen. Schwellen stellen den Weg von einem höheren Regressionsniveau (Sachebene) zu einem niedrigeren Regressionsniveau (Beziehungsebene und Handlungsebene) dar. Je weiter sich der Konflikt in höhere Eskalationsphasen entwickelt, desto weniger Handlungsalternativen stehen den ProtagonistInnen zur Verfügung" (vgl. Glasl 2017; Kolodej 2019, S. 9). Die Konfliktparteien lassen sich beim Überschreiten von Regressionsschwellen von Denkgewohnheiten, Gefühlen, Stimmungen, Motiven und Zielen leiten, die nicht dem Grad ihrer Reife entsprechen. Es ändern sich die Perzeption, die Einstellungen, die Ansichten, die Verhaltensweisen und das ganze Selbstkonzept der Konfliktparteien. Der Weg der Eskalation führt mit einer zwingenden Kraft in Regionen, die große, unkontrollierte Energien aufrufen, die sich jedoch auf Dauer der menschlichen Steuerung und Beherrschung entziehen. Durch den gleichsam entstandenen Geschwindigkeits- und Bewegungsrausch schwindet die Fähigkeit der Steuerung und Reflexion (vgl. Glasl 2017; vgl. Kolodej 2019) (s. Abb. 3.3).

Interessante Erkenntnisse im Zusammenhang mit hohen Konflikteskalationen liefert das Robbers Cave Experiment (Sherif et al. 1988). Die auch unter dem Namen „Ferienlagerexperiment" bekannte Untersuchung gibt einen Hinweis darüber, welche Interventionen bei hoch eskalierten Gruppenkonflikten, neben gruppendynamischen Aspekten, wichtig sind. Das Experiment bestand im Wesentlichen darin, dass Sherif und seine KollegInnen zwei Gruppen von Jungen auf ein Ferienlager mitnahmen. Diese etablierten getrennt voneinander einen starken Gruppenzusammenhang mittels unterschiedlicher Aktionen. Nach diesem Prozess machte er mit den Gruppen Spiele, bei denen sie gegeneinander antraten

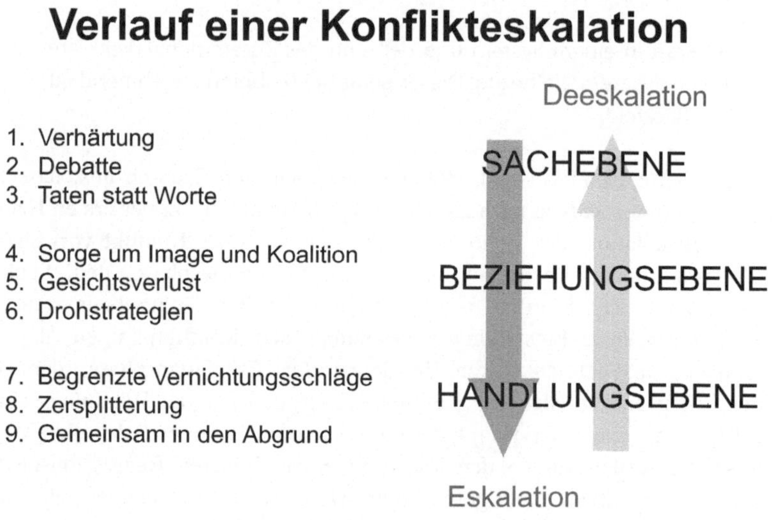

Verlauf einer Konflikteskalation

Deeskalation

1. Verhärtung
2. Debatte
3. Taten statt Worte

4. Sorge um Image und Koalition
5. Gesichtsverlust
6. Drohstrategien

7. Begrenzte Vernichtungsschläge
8. Zersplitterung
9. Gemeinsam in den Abgrund

SACHEBENE

BEZIEHUNGSEBENE

HANDLUNGSEBENE

Eskalation

Abb. 3.3 Verlauf und Intervention je nach Konflikteskalationsphase, Glasl (2017)

und Preise an die Sieger vergeben wurden. Dies führte dazu, dass beide Gruppen negative Einstellungen und Verhaltensweisen gegenüber der anderen Gruppe entwickelten. In einem dritten Schritt wurde versucht, die Spannungen zwischen den Gruppen durch unterschiedliche gemeinsame Aufgaben und Aktivitäten abzubauen. Angeboten wurden gemeinsame Essen oder das Anschauen eines Films. Dies führte jedoch nicht zur Reduktion der Konflikte. Erst als Sherif et al. den Gruppen Aufgaben stellten, die sie nur gemeinsam lösen konnten (z. B. das Finden eines Lecks im Wassertank, das so groß war, dass sie sich koordinieren mussten), deeskalierte der Konflikt. Zuerst kehrten die Gruppen zu ihrem aggressiven Verhalten zurück, aber eine Serie von kooperativen Handlungen reduzierte letztendlich den Konflikt nachhaltig und Freundschaften zwischen den Gruppenmitgliedern entstanden. „What our limited experiments have shown is that the possibilities for achieving harmony are greatly enhanced when groups are brought together to work toward common ends. Then favorable information about a disliked group is seen in a new light, and leaders are in a position to take bolder steps toward cooperation. In short, hostility gives way when groups pull together to achieve overriding goals which are real and compelling to all concerned" (Sherif et al. 1988, S. 117).

Das beschriebene Experiment verdeutlicht, dass neben gruppendynamischen Aspekten auch auf der inhaltlichen Ebene deeskalierende Maßnahmen gesetzt werden können. Die Kraft in einem System und der Sinn des Zusammenwirkens entstehen aus dem Zielbezug (vgl. Schmidt 2009). Dieser gerät bei Mobbing zunehmend aus dem Blickfeld. Der Fokus muss dementsprechend wieder auf übergeordnete Ziele gelegt werden, die ein gemeinsames kooperatives Handeln fördern.

3.9 Interventionsansätze

▶ Mobbingprävention bedarf eines ganzheitlichen Konzeptes, welches ein Bewusstsein über das Phänomen sowie eine konstruktive Konfliktkultur inkludiert und dementsprechende Handlungen notwendig macht.

Mobbing und Konflikt sind grundsätzlich unterschiedliche Phänomene, die einer unterschiedlichen Handhabung bedürfen. „Streit ist ein historisches gesellschaftliches Phänomen, das durch Übung, Einübung, also gesellschaftlichen Gebrauch oder Nicht-Gebrauch ins Leben kommen und am Leben bleiben kann oder mutiert und verschwindet. Streit braucht Schauplätze, Anwendungsgebiete, um sich nicht an der eigenen Erbärmlichkeit zu erübrigen" (Thürmer-Rohr 1989, S. 5). Während Mobbinghandlungen unterbunden werden müssen, bedarf es des Etablierens einer Konfliktkultur, um angemessen präventiv gegen Mobbing vorzugehen. Eine Untersuchung von Niederkofler (2017) weist hierbei auf die große Bedeutung von Angeboten zur Konfliktbewältigung hin. Betroffene von Mobbing als auch nicht betroffene Personen in unterschiedlichen Unternehmen wurden nach den organisationalen Konfliktlöseangeboten befragt, wie z. B. das Angebot von AnsprechpartnerInnen bei Konflikten, Moderation, Mediation oder Konfliktseminare.

Wie Tab. 3.2 aufzeigt, haben Mobbingbetroffene in allen Bereichen weniger Möglichkeit, organisationale Hilfsangebote anzunehmen, als nicht von Mobbing betroffene Personen. Auch die Tatsache, dass Mobbingbetroffene in einem weitaus höheren Ausmaß benannten, dass es keinerlei Unterstützung durch ihren Betrieb bei Konflikten gibt oder sie nicht davon wüssten, weist auf die Bedeutung der Etablierung und Bewerbung von Maßnahmen zur Bewältigung von Konflikten zur Reduzierung des Mobbingaufkommens hin. „Rund 55 % der Betroffenen gaben an, dass ihnen nichts geboten wird bzw. sie zumindest von keiner Möglichkeit wüssten. In der Kontrollgruppe wurde diese Antwort im Gegenzug nur von rund 37 % gewählt. **Das kann als Hinweis darauf gedeutet werden, dass Konfliktbewältigungsmöglichkeiten die Inzidenz von Mobbing senken können**" (Niederkofler 2017, S. 113).

Auch die Harvard Law School Professoren Frank E. A. Sander und Robert C. Bordone weisen auf die Wichtigkeit der Implementierung von Konfliktmanagementsystemen hin (dispute system design DSD). Darunter verstehen sie

Tab. 3.2 Möglichkeiten zur Konfliktbewältigung und Häufigkeiten in Prozent, Mehrfachauswahl war möglich, Niederkofler (2017)

Möglichkeiten zur Konfliktbewältigung	Häufigkeit in Prozent %		
	Gesamt	Mobbingbetroffene	Nicht Betroffene
KonfliktlotsInnen	2,0	0,0	3,3
Moderation	8,1	3,9	10,7
Konfliktseminare	10,1	6,6	12,3
Mediation	12,1	6,6	15,6
AnsprechpartnerInnen	24,7	17,1	29,5
Klärungsgespräche	29,8	11,8	41,0
Nichts bzw. weiß nicht	43,9	55,3	36,9

den Prozess des Diagnostizierens, Entwerfens, Implementierens und Bewertens einer wirksamen Methode zur Lösung von Konflikten innerhalb einer Organisation (vgl. Sander und Bordone 2005). Eine solche Herangehensweise vermag die bisweilen sehr hohen Konfliktkosten zu reduzieren und ein besseres Resultat zu erzielen als ausschließlich anlassbezogene Interventionen. „This holistic approach typically yields greater rewards at lower costs than the piecemeal, reactive approach found in most organizations." (Sander und Bordone 2005, S. 3).

Es gibt eine große Palette von bereits gut etablierten Systemen sowohl für den Schulbereich als auch für den Erwachsenenbereich (vgl. Kolodej 2018). Hierbei sind die **Whole School Ansätze** bzw. Ansätze, die **Maßnahmen auf allen betrieblichen Ebenen** inkludieren, zu nennen. „Grundsätzlich beziehen sie die Schule als Gesamtsystem, die Klasse und individuelle Anlassfall-Interventionen ein. Fast alle berücksichtigen auch, dass die Kooperation mit den Eltern in Bezug auf das Thema Mobbing verstärkt wird und gezielte Maßnahmen gesetzt werden, wie z. B. Verbesserung der Kommunikation zwischen Schule und Eltern, Informationsmaterial zum Thema Mobbing, Infoabende oder Elternberatungen" (Kolodej 2018, S. 357). Historisch gesehen am längsten bestehen im Erwachsenenbereich Betriebsvereinbarungen. Diese werden von ArbeitnehmerInnen und ArbeitgeberInnen gemeinsam erarbeitet und stellen somit einen gemeinsamen Konsens dar, wie bei Mobbing zu verfahren ist. Es ist eine Möglichkeit für alle MitarbeiterInnen, gemeinsame Regeln im Umgang mit Mobbing zu schaffen. Zudem wurden von Kolodej unterschiedliche Konzepte entwickelt, die entweder grundsätzliche Interventionsverläufe bei Konflikten und Mobbing sowie die jeweilige Unterstützung und Intervention durch die Organisation beschreiben (vgl. Kolodej 2018) oder eher einem Feindesign gleichkommen, indem genaue Vorschläge mit MitarbeiterInnen entwickelt wurden, wie im konkreten Anlassfall umgegangen werden kann (vgl. BMöDs 2019).

Darüber hinaus gibt es **anlassbezogene Interventionsmodelle,** die Hilfestellungen bei aktuellen Mobbingfällen bieten. Genannt seien hier z. B. der „No Blame Approach" oder die „Farsta Metode" im Schulbereich bzw. der „Shared Responsibility Approach" in Unternehmen (vgl. Kolodej 2018) bzw. grundlegende Empfehlungen der Intervention bei Mobbing durch die Führung (vgl. Kolodej und Majoros 2010).

Nicht zuletzt gibt es **Präventivansätze** wie z. B. die Peer Mediation in der Schule bzw. das Konfliktlotsensystem für Betriebe. Diese befähigen SchülerInnen oder MitarbeiterInnen, im niedrig eskalierten Bereich Konflikte zu deeskalieren, und wirken so mobbingpräventiv. Es sei jedoch deutlich darauf verwiesen, dass weder die Peer Mediation noch KonfliktlotsInnen dafür verantwortlich gemacht werden dürfen, bei Mobbing zu intervenieren. Dies wäre eine Überforderung. Die Agenden des Mobbings müssen bei der Führung bzw. bei den Lehrenden bleiben!

3.10 Awareness

▶ Es bedarf einer klaren individuellen, institutionellen und gesellschaftlichen Positionierung gegen Mobbing, um eine nachhaltige Bewusstseinsbildung zu unterstützen und Mobbing zu verhindern.

Während im vorliegenden Buch ein besonderes Augenmerk auf die institutionelle Ebene und das Führungsverhalten gelegt wird, sei darauf hingewiesen, dass natürlich auch auf individueller als auch auf gesellschaftlicher Ebene Handlungsbedarf besteht.

Allein die Etablierung des Begriffs Mobbing selbst hat zu einem Bewusstsein, einer Awareness, für das Thema in der Bevölkerung und zu zahlreichen Maßnahmen geführt. U. a. wurden Anlaufstellen geschaffen, Selbsthilfegruppen haben sich gebildet, wissenschaftliche Studien und populärwissenschaftliche Literatur zum Thema wurden verfasst, Interessenvertretungen nehmen sich des Themas an, Gesetze haben sich etabliert und die unterschiedlichen Fachdisziplinen haben ihre Expertise auf diesem Bereich ausgeweitet. Es sei jedoch hier auch erwähnt, dass dem inflationären Gebrauch des Begriffs Mobbing Einhalt geboten werden muss.

Nicht zuletzt wird darauf hingewiesen, dass natürlich auch auf individueller Ebene eine Vielzahl von Maßnahmen möglich sind (vgl. Kolodej 2018). Sei es aus der Sicht der Betroffenen, der ExpertInnen, Führungskräfte oder aller anderen Beteiligten. Wie bereits ausgeführt, gibt es beim Mobbinggeschehen neben der Führungskraft eine Vielzahl von Rollen, die initiativ werden können (siehe Abschn. 3.6). Es sei hier besonders auf die größte Gruppe aufmerksam gemacht, die VerteidigerInnen und die Außenstehenden. Sie machen immerhin mehr als 50 % aller Beteiligten aus und lehnen beide das Mobbingverhalten ab. Hier scheint es wichtig zu sein, Maßnahmen zu setzen, die couragiertes Verhalten Einzelner möglich machen und unterstützen. Der Aspekt der Zivilcourage scheint zentral. Zivilcourage wird hierbei als „die Wahrnehmung von Verantwortung im überschaubaren, unmittelbaren persönlichen Wirkungs- und Gestaltungsbereich" verstanden (Bastian 1996, S. 100). Ihr liegt „die Selbstverständlichkeit des Sich-Kümmerns ebenso zugrunde wie ein sehr berechtigtes Misstrauen gegenüber dem wohltönenden Pathos und der großen Phrase" (ebd.).

Rechtliche Interventionspflichten für Führungskräfte

4

Inhaltsverzeichnis

4.1   Die arbeitgeberische Fürsorgepflicht

Dass Untätigkeit bei Mobbing keine erfolgreiche Strategie ist, sondern häufig als „Freibrief" missverstanden wird, hat seinen Niederschlag auch in den rechtlichen Anforderungen an Führungskräfte gefunden (vgl. Smutny und Hopf 2012). Bei einem tatsächlichen Mobbinggeschehen setzt die Reaktionspflicht ein, sobald die zuständige Führungskraft davon Kenntnis erlangt, und ist diese sogar beim bloßen Auftreten von Verdachtsmomenten verpflichtet, unverzüglich für Aufklärung zu sorgen, darf also nicht untätig bleiben und zuwarten, ob sich das Problem möglicherweise „von selbst löst" (vgl OGH 21.02.2013, 9 Ob A 16/13p). **Daran, dass an einen einer Führungskraft bekannt gewordenen Mobbingvorwurf eine konkrete Handlungspflicht geknüpft ist, führt daher nicht nur aus organisationspsychologischer Sicht, sondern auch nach der Rechtsprechung grundsätzlich kein Weg vorbei** (RIS-Justiz RS0119353, RS0029841).

Leider nehmen viele Führungskräfte ihre diesbezüglichen Aufgaben nicht oder nur unzureichend wahr. In der Mobbingberatung wird vielmehr oft davon berichtet, dass Vorgesetzte das Problem ignorieren („Bei uns gibt es keine Probleme"), bagatellisieren („Das legt sich wieder"), passiv bleiben („Machen Sie sich das untereinander aus …"), aktionistisch ohne Rücksprache mit den Betroffenen und ohne Rücksicht auf deren Wohl agieren oder das Problem selbst verstärken,

© Springer Fachmedien Wiesbaden GmbH, ein Teil von Springer Nature 2020   27
C. Kolodej und P. Smutny, *Führungs- und Organisationsverantwortung bei Mobbing*, essentials, https://doi.org/10.1007/978-3-658-29560-8_4

indem sie, sei es aus Absicht oder Überforderung, selbst (mit)mobben (Smutny und Hausmann 2012).

Dreh- und Angelpunkt des Tätigwerdens von Führungskräften im möglichen Mobbingfall unter ihren MitarbeiterInnen aus rechtlicher Sicht ist die **arbeitgeberische Fürsorgepflicht.** Diese zählt wohl zu den wesentlichsten arbeitgeberischen Nebenpflichten aus einem Arbeitsverhältnis.

Welche konkreten Pflichten Führungskräften auferlegt werden, kann sich dabei entweder aus dem Gesetz selbst oder – häufiger – aus der Rechtsprechung zu konkreten Einzelfällen ergeben. Für Personalverantwortliche ist es generell wichtig, Mobbinghandlungen möglichst früh zu erkennen und sie **aktiv einzudämmen,** um die negativen Folgen aufzuhalten und zu verhindern, dass sich Mobbing fortsetzt oder gar ausbreitet. Grundsätzlich gilt: Je früher adäquat eingeschritten wird, umso breiter ist das Reaktionsspektrum und umso höher die Wahrscheinlichkeit, den schädigenden Verlauf noch zu stoppen (Smutny und Hausmann 2012).

Art. 24 des Europäischen Beamtenstatuts (Verordnung Nr. 31 [EWG] 11 [EAG] über das Statut der Beamten und über die Beschäftigungsbedingungen für die sonstigen Bediensteten der Europäischen Wirtschaftsgemeinschaft und der Europäischen Atomgemeinschaft, ABl. 45 vom 14.06.1962, S. 1385 idgF) beispielsweise normiert für EU-Beamte bei Mobbingvorwürfen einen Anspruch auf Beistand, „insbesondere beim Vorgehen gegen die Urheber von Drohungen, Beleidigungen, übler Nachrede, Verleumdungen und Anschlägen auf die Person oder das Vermögen, die auf Grund ihrer Dienststellung oder ihres Amtes gegen sie oder ihre Familienangehörigen gerichtet werden" (vgl. auch Urteil des EuG vom 13.07.2018, T-275/17, Curto gg. Europäisches Parlament, Rn 74 mwN). Die Beistandspflicht besteht hier vorerst in der Pflicht der Verwaltung, den Beistandsantrag, in dem Mobbing behauptet wird, ernsthaft, schnell und unter vollständiger Wahrung der Vertraulichkeit zu prüfen und den Antragsteller über die Behandlung seiner Beschwerde zu informieren (Urteil des EuG vom 13.07.2018, T-275/17 Curto gg. Europäisches Parlament, Rn 97 mwN). Die Einstellungsbehörde oder gegebenenfalls die Anstellungsbehörde eines Organs muss, wenn an sie ein Beistandsantrag gerichtet wird, kraft ihrer Beistandspflicht beim Auftreten eines Zwischenfalls, der mit einem geordneten und reibungslosen Dienstbetrieb unvereinbar ist, mit aller notwendigen Energie eingreifen und mit der durch die Umstände des Falles gebotenen Schnelligkeit und Fürsorge handeln, um den Sachverhalt festzustellen und daraus in voller Kenntnis der Sachlage die geeigneten Konsequenzen zu ziehen. Dazu genügt es, dass der Beamte oder Bedienstete, der sein Beschäftigungsorgan um Schutz ersucht, einen Anfangsbeweis dafür erbringt, dass die Angriffe, denen er ausgesetzt zu sein behauptet, wirklich stattgefunden haben. Liegen solche Anhaltspunkte vor, hat das befasste Organ die geeigneten

Maßnahmen zu ergreifen, insbesondere eine Verwaltungsuntersuchung durchzuführen, um die der Beschwerde zugrunde liegenden Tatsachen in Zusammenarbeit mit dem Beschwerdeführer festzustellen (vgl. Urteil des EuG vom 13.07.2018, T-275/17 Curto gg. Europäisches Parlament, Rn 97 mwN).

4.2 „Unverzügliche angemessene Abhilfe"

Umfang und konkreter Inhalt der Verpflichtungen von Führungskräften (seien sie selbst ArbeitgeberInnen oder wenn sie diese vertreten) wurden sowohl in Deutschland als auch in Österreich im Wesentlichen durch die Gerichte ausgestaltet (siehe praktische Tipps zu konkreten Maßnahmen auch im Kap. 5), wobei die folgenden Grundsätze für beide Rechtsordnungen herangezogen werden können.

So hat der Oberste Gerichtshof in Österreich ausgesprochen, dass die – in Österreich aus § 1157 des Allgemeinen Bürgerlichen Gesetzbuches (ABGB) sowie § 18 des Angestelltengesetzes (AngG) abgeleitete – Fürsorgepflicht ArbeitgeberInnen nicht nur dazu verpflichtet, die Arbeitsbedingungen so zu gestalten, dass das **Leben und die Gesundheit der ArbeitnehmerInnen** möglichst geschützt und auch andere **immaterielle und materielle Interessen** der ArbeitnehmerInnen gewahrt werden, sondern auch dazu, die notwendigen Maßnahmen gegen das Betriebsklima gröblich beeinträchtigende MitarbeiterInnen zu ergreifen, insbesondere wenn deren Verhalten so weit geht, dass die Arbeitsbedingungen für andere ArbeitnehmerInnen nahezu unzumutbar werden (OGH 26.11.2012, 9 ObA 131/11x).

Ähnlich sieht das Bundesarbeitsgericht (BAG) in Deutschland unter Bezugnahme auf die §§ 241 Abs. 2, 242 des deutschen Bürgerlichen Gesetzbuchs (BGB) einen Arbeitgeber/eine Arbeitgeberin verpflichtet, auf das Wohl und die berechtigten Interessen ihrer ArbeitnehmerInnen Rücksicht zu nehmen, sie vor Gesundheitsgefahren, auch psychischer Art, zu schützen und sie keinem Verhalten auszusetzen, das bezweckt oder bewirkt, dass ihre Würde verletzt und ein von Einschüchterungen, Anfeindungen, Erniedrigungen, Entwürdigungen oder Beleidigungen gekennzeichnetes Umfeld geschaffen wird. In diesem Zusammenhang ist insbesondere auch der Schutz der Gesundheit und der Persönlichkeitsrechte der ArbeitnehmerInnen erfasst (BAG 15.09.2016, 8 AZR 351/15). Auch nach § 75 Abs. 2 des deutschen Betriebs-Verfassungsgesetzes (BetrVG) haben ArbeitgeberInnen und Betriebsrat die freie Entfaltung der Persönlichkeit der im Betrieb beschäftigten ArbeitnehmerInnen zu schützen und zu fördern.

Die den ArbeitgeberInnen überantwortete Fürsorge verpflichtet damit auch zum aktiven Tun, insbesondere wenn es darum geht, das Wohl und die berechtigten Interessen der ArbeitnehmerInnen zu fördern. Diese – angepasst an die aktuellen Anforderungen im Arbeitsleben immer mehr auch die psychische Gesundheit beachtende – Fürsorgepflicht ist Ausfluss des zB in § 242 BGB ausdrücklich niedergelegten Gedankens von Treu und Glauben, der auch den Inhalt des Arbeitsverhältnisses bestimmt. Bei der Frage, was Treu und Glauben und die Fürsorgepflicht im Einzelfall gebieten, ist insbesondere auf die in den Grundrechten zum Ausdruck gekommenen Wertentscheidungen Bedacht zu nehmen.

Dies hat zur Folge, dass ArbeitnehmerInnen im Falle einer Verletzung ihrer **Persönlichkeitsrechte** auch Anspruch auf Beseitigung der fortwährenden Beeinträchtigung und auf das Unterlassen weiterer Verletzungshandlungen haben, im Fall von Mobbing daher insbesondere darauf, dass sie vor Belästigungen durch Vorgesetzte, MitarbeiterInnen oder Dritte, auf die arbeitgeberseits Einfluss genommen werden kann, geschützt werden und ihnen ein menschengerechter Arbeitsplatz zur Verfügung gestellt wird (BAG 25.10.2007 – 8 AZR 593/06). Wie dieser beschaffen sein muss, wird freilich in oft nur sehr umfangreichen, langwierigen und kostspieligen Verfahren festzustellen sein.

Generell gilt, dass, wenn ArbeitgeberInnen Gefährdungen zur Kenntnis gelangen, sie auch aus rechtlicher Sicht **unverzüglich angemessene Abhilfe** zu schaffen haben (OGH 04.12.2002, 9 Ob A 230/02t). Eine Möglichkeit, dieser rechtlichen Fürsorgepflicht zu entsprechen, kann darin bestehen, durch geeignete Schlichtungsmaßnahmen interpersonale Konflikte zu beseitigen (Schnorr 1977). Gerade in einem frühen Stadium können diverse Mechanismen der Streitschlichtung bzw. Konfliktregelung die Problemsituation lösen. Insbesondere bei der Planung von Gesprächen ist es wichtig, zuerst Einzelgespräche zu tätigen, bevor über die Zusammensatzung gemeinsamer Gespräche reflektiert wird, um u. a. durch das Setting selbst einen Machtausgleich tätigen zu können (Kolodej 2018). Unbedingt müssen die Parteien davon in Kenntnis gesetzt werden, dass jegliche im Gespräch vorgenommen Vereinbarungen durch die Führungskraft evaluiert werden. Welche konkrete Interventionsmethode letztlich die geeignetste ist, ist aufgrund des dynamischen Verlaufs von Mobbing unter Bedachtnahme auf die Phase des Konflikts zu klären (ausführlich: Kolodej und Majoros 2010). Ab einer gewissen Intensität von Mobbinghandlungen bieten ausschließliche Gespräche jedoch keinen echten Schutz mehr (vgl. Smutny 2013).

Dass ArbeitgeberInnen verhalten sind, angemessene Abhilfe zu schaffen, kann daher nur in dem Sinn zu verstehen sein, dass je nach Intensität der Übergriffe und Beeinträchtigung der gemobbten Person alle zur Verfügung stehenden arbeitsrechtlichen Mittel nach dem Grundsatz der Verhältnismäßigkeit anzuwenden sind. Hierzu gehören – je nach Schwere des Einzelfalls – **die Rüge oder Ermahnung, die Abmahnung, die Versetzung oder als „ultima ratio" auch die Kündigung bzw. Entlassung** der mobbenden ArbeitnehmerInnen.

Zu beachten bleibt freilich, dass auch der oder die von Mobbing Betroffene keinen Anspruch darauf hat, dass eine ganz bestimmte Maßnahme gesetzt wird (z. B. fristlose Kündigung bzw. Entlassung der mobbenden Person, vgl. BAG 25.10.2007, 8 AZR 539/06), solange mit der gewählten Maßnahme unverzüglich eine angemessene Abhilfe geschaffen wird.

Sowohl unter dem Aspekt der Fürsorgepflichten als auch unter Kostenaspekten empfiehlt es sich für Führungskräfte letztlich, vor allem aber ausreichende Maßnahmen zur **Mobbingprävention** zu implementieren (Wickler 2004; Kolodej und Majoros 2010; OGH 30.10.2017, 9 ObA 114/17f; 28.11.2018, 9 ObA 107/18b; entsprechende Tipps dazu auch im Kap. 6). Nicht nur aus arbeits- und organisationspsychologischer Sicht haben sich auch Betriebsvereinbarungen, die Bestellung von Mobbing-Beauftragten oder vergleichbare Maßnahmen, abhängig von der Unternehmensgröße, bewährt (Mazal 2007, 2009; Hopf 2014).

Praktische Tipps 5

Inhaltsverzeichnis

5.1 Sich ein Bild verschaffen, Beweise sichern

Meist wächst die Erkenntnis möglicher Mobbingbetroffener, dass es sich bei erlebten Schikanen um Mobbing handeln kann, erst nach und nach. Ab einer gewissen Dauer und Intensität von Kränkungen und Übergriffen wird es schwer, den Überblick und die Erinnerung über das gesamte Geschehen zu bewahren. Um sich Klarheit zu verschaffen, ob Mobbing vorliegt oder vielmehr ein situativer Konflikt oder ein (derzeit) gestörtes Betriebsklima, ist es sinnvoll und wichtig, schriftlich zu **dokumentieren, was vorgefallen ist.**

Auch als Führungskraft ist es schwierig, auf die Schilderung (scheinbar unzusammenhängender) singulärer Vorfälle mit konkreten, arbeitsrechtlich geforderten Schritten zu reagieren. Zusätzlich zu allenfalls notwendigen unverzüglichen Maßnahmen zum sofortigen Schutz der Betroffenen ist es daher ratsam, den Mitarbeiter/die Mitarbeiterin zu ermutigen, eine entsprechende **Prozessdokumentation** zu erstellen. Der in der Literatur dafür häufig verwendete Begriff „Mobbingtagebuch" sollte dabei tunlichst vermieden werden, um nicht von vornherein die Erwartungshaltung auf diese Richtung festzulegen.

Eine solche Prozessdokumentation ist für Führungskräfte auch aus dem Grund von wesentlicher Bedeutung, weil sie für den Fall, dass konkrete Maßnahmen

© Springer Fachmedien Wiesbaden GmbH, ein Teil von Springer Nature 2020   33
C. Kolodej und P. Smutny, *Führungs- und Organisationsverantwortung bei Mobbing*, essentials, https://doi.org/10.1007/978-3-658-29560-8_5

gegen mobbende Personen gesetzt wurden, die sich jedoch mit rechtlichen Mitteln gegen diese Maßnahmen zur Wehr setzen, die Grundlage für die Verteidigung der arbeitsrechtlichen Maßnahmen bildet.

In welcher Form diese Dokumentation gemacht wird, ist im Wesentlichen eine Frage des persönlichen Geschmacks. Die Aufzeichnungen können als Erzählung erfolgen, aber genauso als Tabelle oder in Stichworten, sei es in Form

- eines Tagebuches,
- ausführlicher Kalendernotizen,
- einzelner Aktenvermerke,
- einer Kartei etc.

Die Aufzeichnungen können auch zum systematischen **Sichern von Beweisen** dienen. Das kann beispielsweise im Aufheben von belästigenden E-Mails, ärztlichen Bestätigungen oder Gutachten, Aufzeichnungen durch KollegInnen zugesandten sexistischen Fotos und Grafiken, schikanösen Dienstanweisungen, beschädigten Gegenständen, Aktenvermerken über Gespräche etc. bestehen. Aus der dabei zu Stande kommenden „Sammlung" können sich möglicherweise interessante Zusammenhänge ergeben, die bei isolierter Betrachtung einzelner belästigender Handlungen zunächst gar nicht sichtbar sind.

Um zu prüfen, ob die Aufzeichnungen den absolut notwendigen Inhalt haben, sollten sich daraus folgende Fragen beantworten lassen:

- Wann war der Vorfall (Datum und Uhrzeit)?
- Wo war der Vorfall (beim Kopierer, am Parkplatz etc.)?
- Wer waren die Beteiligten?
- Was wurde gesagt und getan – von mir und den anderen (möglichst wörtlich)?
- Was war der Anlass/Hintergrund des Zusammentreffens (Besprechung, Kaffeepause, beim Verlassen des Betriebes etc.)?
- Gab es ZeugInnen des Vorfalls bzw. indirekte BeobachterInnen (von zugeknallten Türen, verweinten Gesichtern, beschädigten Gegenständen etc.)?
- Allfällige Folgen des Vorfalls (Verletzungen, Beschädigungen, Krankenstand etc.)?

Wenn mit der Dokumentation begonnen wird, ist es sinnvoll, den bisherigen Verlauf anhand von Kalendarien etc. nachträglich nach dem Motto „Was bisher geschah" zu rekonstruieren. Aus den Aufzeichnungen sollte sich aber jedenfalls ergeben, wann dieser Rückblick durchgeführt wurde und nicht vorgetäuscht werden, dass es sich dabei um tagesaktuelle Notizen handelt.

Eine hilfreiche Unterlage, wie eine solche Dokumentation aufgebaut werden kann, finden Sie in Abb. 5.1.

Für Führungskräfte kann es sich empfehlen, auch aus eigenem Interesse eine Prozessdokumentation anzulegen. Ebenso wie es für Mobbingbetroffene für die Verfolgung ihrer Ansprüche essentiell sein kann, diese auf eine fundierte Basis stellen zu können, kann dies für Führungskräfte der Fall sein, wenn es um die **Abwehr von Ansprüchen** geht, und zwar in mehrfacher Hinsicht: Auch wenn Mobbing keine eigene Anspruchsgrundlage darstellt, kann es zum einen sein, dass wegen Verletzung bzw. nicht ausreichender Erfüllung der Fürsorgepflicht im Falle von Mobbing Schadenersatzansprüche geltend gemacht werden. In einem solchen Fall kann eine aussagekräftige Dokumentation beim Nachweis, sehr wohl das Erforderliche und Mögliche in Erfüllung der Fürsorgepflicht getan bzw. veranlasst zu haben, durchaus hilfreich sein. Zum anderen kann sich auch die mutmaßlich mobbende oder gemobbt habende Person gegen genau jene arbeitsrechtlichen Schritte zur Wehr setzen, die in Erfüllung der Fürsorgepflicht gesetzt wurden (z. B. eine Entlassung), sei es, dass das Mobbing überhaupt geleugnet oder abschwächend dargestellt wird, sei es, dass die ergriffenen Maßnahmen als unverhältnismäßig bekämpft werden. Die **Prozessdokumentation** kann dabei sowohl in der innerbetrieblichen Hierarchie – etwa wenn sich ein Mitarbeiter/eine Mitarbeiterin an die nächst höhere Führungsebene wendet und man zur Rechtfertigung aufgefordert wird – als auch und gerade dann als zweckdienlich erweisen, wenn ein Konflikt gerichtsanhängig wird.

Prozessdokumentation						
Datum	Uhrzeit	Was ist passiert?	Beteiligte ZeugInnen	Persönliche Reaktionen	Folgen	Dokumente, Beweise

Abb. 5.1 Prozessdokumentation, Kolodej (2018, S. 162)

Nicht zuletzt kann man ja auch als Führungskraft unmittelbar mit Mobbing konfrontiert sein, sei es als Betroffener von Mobbing durch MitarbeiterInnen („Staffing"), KollegInnen derselben Führungsebene oder Vorgesetzte auf höherer Ebene, sei es durch den Vorwurf des Mobbings gegenüber anderen (insb. „Bossing"). Auch in einem solchen Fall kann sich eine Dokumentation zum Selbstschutz empfehlen.

5.2   Praktische Präventions-Tipps für Führungskräfte

- Pflegen Sie einen demokratischen Führungsstil, bei dem Ihre MitarbeiterInnen die Möglichkeit haben, Unmut und Unzufriedenheit offen zu artikulieren und ihre Meinung einzubringen.
- Regeln Sie Zuständigkeiten und Kompetenzen klar.
- Machen Sie (abteilungsinterne) Entscheidungsprozesse transparent.
- Sorgen Sie für Handlungs- und Entscheidungsspielräume Ihrer MitarbeiterInnen. Je geringer die intellektuelle und motivationale Tätigkeit selbst, desto größer sollte der Handlungsspielraum der Entscheidung sein, um „Langeweile-Mobbing" vorzubeugen.
- Machen Sie die Unternehmensziele transparent. Je klarer diese sind, desto höher ist die Motivation, im Sinne dieser zu arbeiten.
- Sorgen Sie für regelmäßige Besprechungen.
- Beziehen Sie das Thema bei anonymisierten MitarbeiterInnenbefragungen ein.
- Schulen Sie Ihre MitarbeiterInnen in ihrer Kommunikationsfähigkeit, Team- und Kooperationsfähigkeit sowie Konfliktlösungskompetenz, indem Sie Seminare und Schulungen anbieten.
- Sensibilisieren Sie die Führungskräfte und die Betriebsräte für das Thema Konflikt und Mobbing. Bieten Sie entsprechende Schulungen an.
- Etablieren Sie Personalentwicklungsinstrumente zur Prävention von Mobbing (z. B. Einführungsprogramme für neue MitarbeiterInnen, Mitarbeitergespräche, Exit Interviews usw.).
- Machen Sie deutlich, dass Mobbing im Unternehmen absolut unerwünscht und mit Sanktionen verbunden ist.
- Informieren Sie über Mobbing, Gegenstrategien und Sanktionen.
- Etablieren Sie „Verhaltensgrundsätze" in entsprechenden Unternehmensleitbildern und Betriebsvereinbarungen.
- Etablieren Sie Ansprechstellen und sichern Sie die Schulung der beauftragten Personen.
- Pflegen Sie ein Betriebsklima, das die gegenseitige Unterstützung wertschätzt.

- Führen Sie mit Wertschätzung und Respekt.
- Beobachten Sie das soziale Geschehen regelmäßig und nehmen Sie Verhaltensänderungen einzelner MitarbeiterInnen wahr.
- Signalisieren Sie Konfliktbereitschaft, legen Sie Konflikte offen und versuchen Sie, diese lösungs- und zukunftsorientiert zu lösen.
- Etablieren Sie eine Konfliktkultur im Unternehmen. Achten Sie auf eine Konfliktkultur, in der sach- und inhaltsbezogen, jedoch nicht personenbezogen argumentiert wird.
- Unterbinden Sie das Verbreiten von Gerüchten, wenn die unmittelbar betroffenen Personen nicht Stellung beziehen können.
- Schreiten Sie ein, wenn Ihre MitarbeiterInnen einen Konflikt selbst nicht mehr lösen können, oder unterstützen Sie diese u. a., indem Sie externe KonfliktberaterInnen hinzuziehen.
- Etablieren Sie ein Konfliktmanagementsystem.

5.3   Praktische Interventions-Tipps für Führungskräfte

- Nehmen Sie die Mobbingvorwürfe ernst und führen Sie Einzelgespräche mit den relevanten ProtagonistInnen, um sich ein Bild von der Situation zu machen.
- Bitten Sie den/die Mobbingbetroffene/n, eine Prozessdokumentation anzufertigen: Wer hat was mit wem gemacht, wie hat er/sie darauf reagiert, Ort, Zeit, Datum.
- Falls Sie destruktives Verhalten erkennen, sprechen Sie die MobberInnen gezielt an, benennen Sie das destruktive Verhalten klar, erarbeiten Sie alternative Verhaltensweisen (wenn nötig, bieten Sie dafür Unterstützung in Form von Coaching an), machen Sie deutlich, dass Sie bei Weiterführung des destruktiven Verhaltens dieses sanktionieren werden, kontrollieren Sie die Vereinbarungen.
- Eignen Sie sich mediative Gesprächsführungstools und Moderationstechniken an, um angemessen Konflikte im Team oder mit MitarbeiterInnen moderieren zu können.
- Führen Sie ein gemeinsames Gespräch mit den wesentlichen Beteiligten, in dem Sie unabhängig von der Analyse des aktuellen Falles deutlich machen, dass Sie Mobbing nicht dulden werden und sanktionieren.
- Binden Sie die Betroffenen in die Interventionen ein und sprechen Sie diese ab.

- Falls ein Mitarbeiter/eine Mitarbeiterin zu Unrecht einen Mobbingvorwurf vorbringt und diesen nicht auf einer Handlungsebene zu substantiieren vermag, unterbinden Sie dies.
- Achten Sie auf ein angemessenes, unverzügliches Abstellen des Mobbings und beachten Sie dabei auch Ihre rechtlichen Handlungspflichten.
- Nehmen Sie Coaching mit einer Mobbingexpertin/einem Mobbingexperten in Anspruch, um eine Analyse und Interventionsstrategie zu entwickeln.
- Ziehen Sie nach Beendigung des Mobbings und bei einer notwendigen Weiterführung der Kooperation der beteiligten Personen eine Mediation in Betracht.
- Bieten Sie weiterführende Unterstützungsmaßnahmen für die Betroffenen an (Suppression, Coaching, psychologische Beratung).
- Kontrollieren Sie regelmäßig (und in größer werdenden Abständen) die Beendigung des Mobbings.
- Reflektieren Sie Systemkomponenten (Führung, Betriebsklima, Arbeitsorganisation, usw.), die für die Entstehung des Mobbings mitverantwortlich sind und verbessern Sie diese.

Zusammenfassung 6

Mobbing stellt sich als ein Thema dar, dessen Entwicklung maßgeblich durch Führungskräfte gelenkt und unterbunden werden kann. Jedoch ist das Führungsverhalten nicht alleinverantwortlich, sondern müssen auch strukturelle Variablen berücksichtigt werden, um dem Phänomen präventiv zu begegnen. Besonderes Augenmerk ist zudem auf die Etablierung einer unternehmerischen Konfliktkultur zu lenken. Eine situative Führung mit einem demokratischen Grundton und einer angemessenen, zielorientierten Arbeitsgestaltung trägt dazu bei, Mobbing erst gar nicht entstehen zu lassen.

Im vorliegenden Buch fokussieren die Autorinnen auf Führungs- und Organisationsvariablen, die für die Prävention und Intervention bei Mobbing von besonderer Bedeutung sind. Mobbing wird als kontextbezogenes Phänomen vorgestellt, welches spezifische macht-, gruppen- und rollendynamische Prozesse aufweist. Für Führungskräfte ist es dabei wichtig, die rechtlichen Bestimmungen, die sie im Rahmen der sie treffenden Fürsorgepflicht einzuhalten haben, zu kennen. Diese bieten nicht nur Mobbingbetroffenen Schutz und Hilfe, sondern statten Führungskräfte auch mit der notwendigen Sicherheit aus, um angemessene und unverzügliche Abhilfe zu leisten. Damit schützen sie nicht nur die MitarbeiterInnen und tragen zur optimalen und reibungslosen Wertschöpfung in ihrem Unternehmen bei, sondern bewahren sie dieses auch vor juristischen Folgeschäden.

Das Einschreiten bei Mobbing ist oft eine Herausforderung. Die in diesem Buch vorgestellten Tipps, Analysen und Empfehlungen sollen Organisationen, ihre Personalverantwortliche und Führungskräfte dazu ermächtigen, Mobbingsituationen tatkräftig und kompetent zu unterbinden, um sich wieder ganz dem Erfolg des Unternehmens zu widmen.

© Springer Fachmedien Wiesbaden GmbH, ein Teil von Springer Nature 2020   39
C. Kolodej und P. Smutny, *Führungs- und Organisationsverantwortung bei Mobbing*, essentials, https://doi.org/10.1007/978-3-658-29560-8_6

Was Sie aus diesem *essential* mitnehmen können

- Wie Mobbing definiert wird.
- Wie Sie Mobbing schnell einschätzen können.
- Welche Mobbinghandlungen es gibt.
- Wie Mobbing im Unternehmen rechtlich einzuordnen ist.
- Welche rechtlichen Vorgaben und Pflichten bei Mobbing für Führungskräfte aufgrund der Fürsorgepflicht erwachsen.
- Wie Führungskräfte mit den Bedürfnissen und konkreten Wünschen gemobbter Personen umzugehen haben.
- Wie Führung Mobbing präventiv verhindern kann.
- Welche organisationalen Variablen wie gestaltet werden müssen, um Mobbing zu verhindern.
- Welche Aspekte für ein gut gestaltetes Arbeitsumfeld relevant sind.
- Was Sie im aktuellen Anlassfall als Führungskraft tun können.
- Welche grundlegenden Präventionskonzepte es gibt.
- Welche gruppendynamischen und inhaltlichen Interventionen zu Kooperation in Teams führen.
- Tipps für Führungskräfte zur Prävention.
- Tipps für Führungskräfte zur Intervention.

© Springer Fachmedien Wiesbaden GmbH, ein Teil von Springer Nature 2020   41
C. Kolodej und P. Smutny, *Führungs- und Organisationsverantwortung bei Mobbing*, essentials, https://doi.org/10.1007/978-3-658-29560-8

Literatur

Asch, S. (1952). Studies of independence and submisson to group pressure. *Psychological Monographs, 9,* 1–70.

Baillien, E., De Cuyper, N., & De Witte, H. (2011). Job autonomy and workload as antecedents of workplace bullying: A two-wave test of Karasek's Job Demand Control Model for targets and perpetrators. *Journal of Occupational and Organizational Psychology, 84,* 191–208.

Bastian, T. (1996). *Zivilcourage. Von der Banalität des Guten.* Hamburg: Rotbuch.

Baumann, F. (2012). *Bei uns gibt es kein Mobbing! Welches Potential müsste ein Präventionsprogramm enthalten, um optimal gegen Mobbing im Klassenzimmer wirksam zu sein?* München: Ludwig-Maximilians-Universität.

Blum, H., & Beck, D. (2014). *Shared responsibility approach. Mobbing-Intervention zum Stopp von Mobbing am Arbeitsplatz.* Köln: fairaend.

Blum, H., & Beck, D. (2016). *No blame approach. Mobbing-Intervention in der Schule. Praxishandbuch.* Köln: fairaend.

BMöDS. (2019). *Orientierungsleitfaden zum Umgang mit Konflikten für die Sektion III.* Wien: Bundesministerium für öffentlicher Dienst und Sport.

Bortoluzzi, G., Caporale, L., & Palese, A. (2014). Does participative leadership reduce the onset of mobbing risk among nurse working teams? *Journal of Nursing Management, 22,* 643–652.

Bund für Soziale Verteidigung. (2008). Evaluation – Der NO BLAME APPROACH in der schulischen Praxis. https://www.no-blame-approach.de/media/downloads/EvalutionsberichtNoBlameApproach.pdf. Zugegriffen: 30. Jan. 2020.

Ehresmann, C. (2014). Mobbing im Krankenhaus: Symptom eines Organisationsversagens? In B. Badura, A. Ducki, H. Schröder, et al. (Hrsg.), *Fehlzeiten-Report 2014* (S. 163–174). Berlin: Springer.

Fitz-Gibbon, C. T. (1996). *Monitoring education: Indicators, quality and effectiveness.* London: Cassell.

Glasl, F. (2017). *Konfliktmanagement. Ein Handbuch für Führungskräfte, Beraterinnen und Berater.* Stuttgart: Freies Geistesleben.

Hacker, W., & Richter, P. (1980). *Psychologische Bewertung von Arbeitsgestaltungsmaßnahmen. Ziele und Bewertungsmaßstäbe.* Berlin: VEB Deutscher Verlag der Wissenschaften.

Hacker, W., & Sachse, P. (2014). *Allgemeine Arbeitspsychologie. Psychische Regulation von Tätigkeiten*. Göttingen: Hogrefe.

Haun, D. B. M., & Tomasello, M. (2011). Conformity to peer pressure in preschool children. *Child Development, 82*, 1759–1767.

Hörmann, C., & Schäfer, M. (2009). Bullying im Grundschulalter – Mitschülerrollen und ihre transkontextuelle Stabilität. *Praxis der Kinderpsychologie und Kinderpsychiatrie, 58*, 110–124.

Hogg, M. A., & Vaughan, G. M. (1995). *Social psychology: An introduction*. Hemel Hempstead: Prentice Hall/Harvester Wheatsheaf.

Hopf, H. (2014). Mobbingverbot – was nun? *Österreichische Juristen-Zeitung, 20*(2014), 804–897.

Kolodej, C. (2008). *Mobbingberatung. Fallbeispiele und Lösungen für BeraterInnen und Betroffene*. Wien: WUV.

Kolodej, C. (2018a). *Psychologische Selbsthilfe bei Mobbing. Zuversicht, Vertrauen, Veränderung*. Wiesbaden: Springer.

Kolodej, C. (2018b). *Mobbing, Psychoterror am Arbeitsplatz und in der Schule*. Wien: Facultas.

Kolodej, C. (2019). *Strukturaufstellungen für Konflikte, Mobbing und Mediation. Vom sichtbaren Unsichtbaren*. Wiesbaden: Springer Gabler.

Kolodej, C., & Majoros, T. (2010). Mobbing und die Fürsorgepflicht des/der Arbeitgebers/in. *DRdA, 2*, 157–164.

Kolodej, C., Niederkofler, E., & Kallus, W. (2018). Der Fast and Frugal Tree-Fragebogen für Mobbing (FFTM). *Psychologie des Alltagshandelns, 11*, 25–35.

Kolodej, C., Pichler, E., & Kallus, W. (2020). Screening von Mobbing und gesundheitliche Begleiterscheinung. *Psychologie des Alltagshandelns* (in print).

Lewin, K., Lippitt, R., & White, R. K. (1939). Patterns of aggressive behavior in experimentally created, social climates. *Journal of Social Psychology, 10*, 271–299.

Leymann, H. (1993). *Mobbing: Psychoterror am Arbeitsplatz und wie man sich dagegen wehren kann*. Reinbeck bei Hamburg: Rowohlt Taschenbuch.

Mazal, W. (2007). Mobbing-Prävention ist Chefsache. *Recht der Medizin, 3*, 65.

Mazal, W. (2009). Belästigung in der Arbeitswelt – Abhilfe durch Unternehmenskultur! *Ecolex, 6*, 460–462.

Niederkofler, E. (2017). *Untersuchung der Auswirkungen von Mobbing auf die Produktivität und Leistung der ArbeitnehmerInnen sowie Validierung eines Screening-Instruments*. Graz: Karl-Franzens-Universität.

Robinson, G., & Maines, B. (1997). *Crying for help. The no blame approach to bullying*. Bristol: Lucky Duck.

Robinson, G., & Maines, B. (2008). *Bullying: A complete guide to the support group method*. London: Sage.

Salmivalli, C. (1999). Participant role approach to school bullying: Implications for interventions. *Journal of Adolescence, 22*, 453–459.

Sander, F., & Bordone, R. (2005). Early intervention: How to minimize the cost of conflict. Newsletter from Harvard Business School Publishing and the Program on Negotiation at Harvard Law School, http://franksander.com/wp-content/uploads/2018/09/Early-Intervention-How-to-Minimize-the-Cost-of-Conflict.pdf. Zugegriffen: 30. Jan. 2020.

Schäfer, M., & Herpell, G. (2012). *Du Opfer! Wenn Kinder Kinder fertigmachen.* Reinbeck bei Hamburg: Rowohlt.

Schmidt, G. (2009). *Konflikte und Mobbing am Arbeitsplatz.* Müllheim: Auditorium Netzwerk.

Schnorr, L. (1977). Probleme des allgemeinen sozialen Kontaktes zwischen Arbeitnehmern eines Betriebes. In Th. Tomandl (Hrsg.), *Innerbetriebliche Arbeitnehmerkonflikte aus rechtlicher Sicht* (S. 21 ff.). Wien: Braumüller.

Sherif, M., Harvey, O. J., & White, B. J. (1988). *The robbers cave experiment: Intergroup conflict and cooperation.* Middletown: Wesleyan University Press.

Smith, P. K. (1994). What can we do to prevent bullying? *The Therapist, 2,* 12–15.

Smutny, P. (2013). Fürsorgepflicht konkret: unverzügliche und angemessene Abhilfemaßnahmen bei Mobbing. *Das Recht der Arbeit, 4*(2013), 341–345.

Smutny, P., & Hausmann, C. (2012). Jetzt ist Führung gefragt! *Österreichische Zeitschrift für Pflegerecht, 3*(2012), 68–71.

Smutny, P., & Hopf, H. (2003). Mobbing – Auf dem Weg zum Rechtsbegriff? *Das Recht der Arbeit, 2,* 110 ff.

Smutny, P., & Hopf, H. (2012). *Ausgemobbt!*[2] (S. 50 ff.). Wien: Manz.

Thürmer-Rohr, C. (1989). *Zur Streitkultur in der Frauenbewegung.* Berlin: unveröffentlichtes Manuskript.

Volk, G. (2005). Betriebliches Gesundheitsmanagement im Spannungsfeld Mobbing – Führungskommunikation und Betriebsklima als Determinanten für die Entstehung von Mobbing. Otto-von-Guericke Universität, verfügbar auf https://d-nb.info/975448994/34. Zugegriffen: 30. Jan. 2020.

Wickler, P. (2004). Rechtsgrundlagen der Mobbingbekämpfung. In P. Wickler (Hrsg.), *Mobbing* (S. 01–180). Heidelberg: C.F. Müller.